07 근대

동영상 강의 및 감수 고종훈
서울대학교 동양사학과를 졸업했습니다. 한국사검정시험에서 수많은 합격자를 배출, 메가스터디 한국사 9년 연속 유료 수강생 1위, 누적 수강생이 70만 명 이상인 검증된 한국사 대표 강사입니다. 검증된 역사 지식을 바탕으로 많은 사람들에게 올바른 역사 인식을 심어주고자 노력하고 있습니다.

감수 공미라
이화여자대학교에서 역사교육을 전공, 교육대학원에서 석사학위를 받았습니다. 현재 남양주시 주곡중학교에서 역사를 가르치고 있습니다.

기획·글 최인수
이화여자대학교에서 지리교육 및 역사교육을 전공, 구리 인창중학교에서 역사를 가르쳤습니다. 많은 아이들이 바른 역사를 알기를 바라는 마음으로 어린이 도서 전문 기획자로 활동하고 있습니다.

그림 박종호
동아, LG 국제만화페스티벌에서 〈세상에서 가장 행복한 날〉, 〈여섯 번째 손가락 이야기〉로 상을 받았습니다. 어린이들에게 가장 좋은 작품을 선보이기 위해 노력하고 있으며 재미있는 캐릭터와 생동감 넘치는 연출이 매력적입니다. 대표작으로는 〈이이화 선생님이 들려주는 만화 한국사〉, 〈바로 보는 세계사〉, 〈세계대역사 50사건〉, 〈Hello! MY JOB〉 등이 있습니다.

 **근대**

글 최인수   그림 박종호
감수 고종훈 공미라

1판 1쇄 발행 2017년 1월 20일
1판 4쇄 발행 2021년 1월 5일

펴낸이 김영곤
키즈융합부문대표 이유남   **키즈융합부문이사** 신정숙
키즈사업본부장 김수경   **에듀1팀** 김지혜 윤수지   **기획개발** 탁수진 유하은
영업본부장 김창훈   **영업1팀** 임우섭 송지은   **영업2팀** 이경학 오다은
마케팅본부장 변유경   **마케팅1팀** 김정은 문윤정 구세희
표지·본문디자인 씨디자인_조정은 이수빈
본문편집디자인 02정보디자인연구소
사진 제공 이뮤지엄(국립중앙박물관 외), 문화재청, 국립중앙박물관 도록, 연합뉴스, 위키피디아, 위키미디어, 구글, 플리커

펴낸곳 (주)북이십일 아울북
주소 (우 10881)경기도 파주시 회동길 201
연락처 031-955-2100 (대표) 031-955-2445 (내용문의) 031-955-2177 (팩스)
홈페이지 www.book21.com
<생방송 한국사> 오류 및 수정 내용은 네이버 '웃찾공'카페 도서 관련 공지사항을 통해 확인하실 수 있습니다.

등록번호 2000년 5월 6일 제 406-2003-061호
이 책 내용의 일부 또는 전부를 재사용하시려면 반드시 (주)북이십일의 동의를 얻어야 합니다.
잘못 만들어진 책은 구입하신 서점에서 교환해 드립니다.

- 제조자명 : (주)북이십일
- 주소 및 전화번호 : 경기도 파주시 회동길 201(문발동) / 031-955-2100
- 제조연월 : 2021년 1월 5일
- 제조국명 : 대한민국
- 사용연령 : 8세 이상 어린이 제품

한국사, 더 쉽고 재밌고 생생하게!

생방송 한국사

글 최인수 **그림** 박종호 **기획** 최인수 **강의** 고종훈

07 근대

 **구성과 특징**

역사의 주요 사건과 업적이 한눈에
보기 쉽게 그림과 연표로 구성되어 있어요.

역사 현장이 한눈에!

그 시대의 다양한 뒷이야기를 통해
지루한 역사가 더욱 재미있어져요.

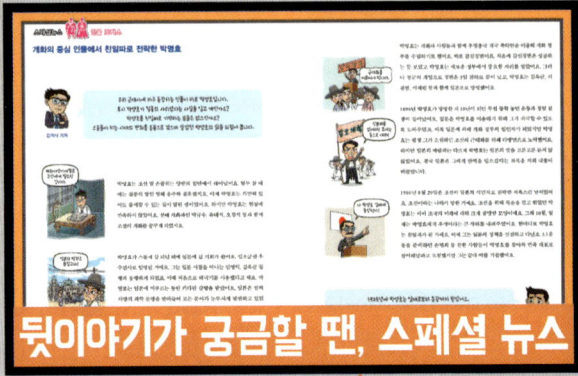

뒷이야기가 궁금할 땐, 스페셜 뉴스

타임라인 뉴스 → 주요 뉴스 → 스페셜 뉴스

현재의 우리가 있는 이유는 역사를 지키기 위해 공부하고 노력한 분들이 있었기 때문입니다.

세계에 을사늑약의 부당함을 알려라!
역사 현장을 취재하다!

교과서 핵심 개념을 뉴스 취재 형식으로 보여주어
쉽게 이해하고 깊이 생각할 수 있게 해요.

역사적 사건을 하나하나 연결하면서
시대의 흐름을 쉽게 이해해요.

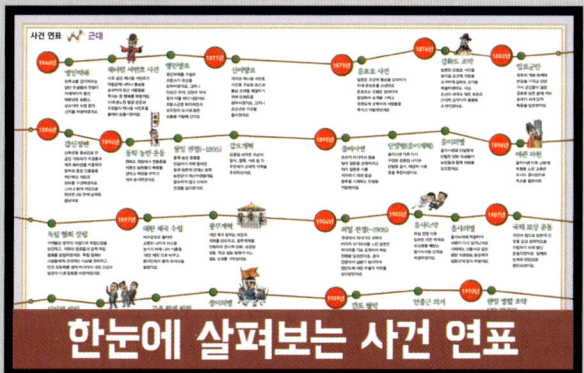

한눈에 살펴보는 사건 연표

역사 현장 어디든 출동!

바쁘다 바빠!

| 고종훈의 한국사 브리핑 | → | 사건 연표 | → | 동영상 강의 |

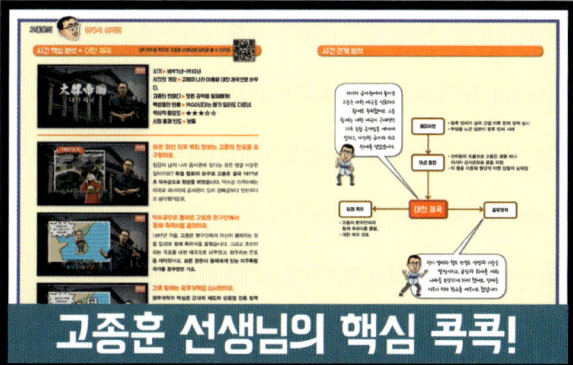

고종훈 선생님의 핵심 콕콕!

고종훈 선생님과 함께 역사적 사건의
핵심 내용을 알기 쉽게 다시 한 번 요약해요!

동영상 강의로 다시 한번 정리

고종훈 선생님의 각 사건별 5분 동영상 강의로
16개의 사건을 완벽하게 정리해요!
('고종훈의 한국사 브리핑' 상단의 QR코드를 찍으면 영상
을 볼 수 있어요.)

▶ 방송 순서

생방송 한국사 소개…4
구성과 특징…6

심상치 않은 조선의 안과 밖

01 통상 수교 거부 정책 　외국과의 교류를 금하라 …… 12
1 인물 초대석 – 심상치 않은 조선의 안과 밖
2 헤드라인 뉴스 – 천주교 박해를 핑계로 쳐들어온 프랑스 군대
3 심층 취재 – 이번엔 미국 배다! 조선군이여, 승리하라!
4 헤드라인 뉴스 – 서양과의 통상은 나라를 팔아먹는 것!
스페셜 뉴스 ▶ 10분 토론 – 흥선 대원군의 정책, 어떻게 볼 것인가?
　▶ 그때 그 물건 – 서양 오랑캐의 총알도 막아 낸다!
　▶ 체험! 역사 현장 – 강화도에 가 보자!
　▶ 인물 포커스 – 조선 왕조 의궤 환수에 평생을 바친 박병선 박사
고종훈의 한국사 브리핑

흥선 대원군을 몰아내고 권력을 잡은 고종

02 강화도 조약 　조선이 외국과 맺은 첫 조약 ………… 34
1 헤드라인 뉴스 – 흥선 대원군을 몰아내고 권력을 잡은 고종
2 심층 취재 – 운요호를 앞세워 다가오는 일본
3 인물 초대석 – 서양 문물을 받아들인 일본, 이후의 선택은?
4 헤드라인 뉴스 – 조선, 일본과 강화도 조약을 체결하다!
스페셜 뉴스 ▶ 현장 브리핑 – 일본은 어떻게 개항을 하게 되었을까?
　▶ 취재 수첩 – 구로다 VS 신헌, 숨 막히는 외교전
고종훈의 한국사 브리핑

서양의 발전된 문화를 배우자!

03 개화 정책의 실시 　서양의 기술 문명을 받아들이자! … 52
1 인물 초대석 – 서양의 발전된 문화를 배우자!
스페셜 뉴스 ▶ 현장 브리핑 – 개화파의 아버지 박규수와 그의 제자들
고종훈의 한국사 브리핑

서양의 것을 막고 우리의 것을 지키자!

04 위정척사파의 형성 　우리의 정신문화를 지키자! …… 59
1 헤드라인 뉴스 – 서양의 것을 막고 우리의 것을 지키자!
스페셜 뉴스 ▶ 문화계 소식 – 조선을 발칵 뒤집어 놓은 책, 「조선책략」
고종훈의 한국사 브리핑

구식 군인들, 배고픔에 지쳐 난을 일으키다!

05 임오군란 개화에 대한 반발 ·················· 67
1 인물 초대석 – 구식 군인들, 배고픔에 지쳐 난을 일으키다!
2 헤드라인 뉴스 – 임오군란 후 커지는 청의 내정 간섭
스페셜 뉴스 ▶ 비하인드 뉴스 – 임오군란을 바라보는 흥선 대원군과 왕후 민씨의 속마음
▶ 인물 인터뷰 – 갈라지는 개화파, 김옥균과 김윤식에게 듣는다
고종훈의 한국사 브리핑

청을 물리치고 조선을 개혁하자!

06 갑신정변 3일 천하의 꿈으로 끝난 근대화 ·········· 79
1 헤드라인 뉴스 – 청을 물리치고 조선을 개혁하자!
2 심층 취재 – 시대가 알아주지 못한 개혁
스페셜 뉴스 ▶ 인물 포커스 – 유길준에게 듣는 '세계는 그리고 조선은?'
고종훈의 한국사 브리핑

어렵고 힘든 세상, 동학 밖에 없더라!

07 동학 농민 운동 농민들이 사는 세상을 위하여 ······· 90
1 인물 초대석 – 어렵고 힘든 세상, 동학 밖에 없더라!
2 헤드라인 뉴스 – 농민의 함성이 한반도를 뒤덮다!
3 심층 취재 – 외국 세력은 조선을 떠나라!
스페셜 뉴스 ▶ 그때 그 물건 – 동학 농민군이 발명한 장태!
▶ 취재 수첩 – 천도교로 거듭난 동학
고종훈의 한국사 브리핑

일본의 입김으로 시작된 근대화 정책

08 갑오개혁 근대 국가를 향하여 ·················· 106
1 심층 취재 – 일본의 입김으로 시작된 근대화 정책
2 헤드라인 뉴스 – 갑오개혁, 한계를 드러내다!
스페셜 뉴스 ▶ 인물 포커스 – 개화의 중심 인물에서 친일파로 전락한 박영효
고종훈의 한국사 브리핑

삼국 간섭으로 입김이 거세진 러시아

09 을미사변 조선의 국모를 시해한 일본 ·············· 115
1 헤드라인 뉴스 – 삼국 간섭으로 입김이 거세진 러시아
2 헤드라인 뉴스 – 감히 한 나라의 국모를 죽이다니!
3 인물 초대석 – 머리카락을 자르는 것은 있을 수 없는 일!
스페셜 뉴스 ▶ 비하인드 뉴스 – 조선 국모의 심장을 찌른 칼, 히젠도
고종훈의 한국사 브리핑

▶ 방송 순서

10 아관 파천 러시아 공사관으로 피신한 고종 ········· 127
1 인물 초대석 – 고종, 러시아 공사관으로 피신하다
2 심층 취재 – 이권 침탈에 열 올리는 열강들
스페셜 뉴스 ▶ 취재 수첩 – 이 나라 저 나라에 뜯기는 한반도
▶ 현장 브리핑 – 서구 열강에 찢겨져 나가는 동아시아, 제국주의를 고발한다!
고종훈의 한국사 브리핑

11 독립 협회의 활동 자주와 문명개화를 외치다! ······ 139
1 심층 취재 – 백성이여, 무지에서 깨어나라!
스페셜 뉴스 ▶ 현장 브리핑 – 모두 모여 토론합시다! 만민 공동회
고종훈의 한국사 브리핑

12 대한 제국 황제의 나라가 되다 ·················· 147
1 인물 초대석 – 황제가 다스리는 대한 제국을 수립하다!
2 심층 취재 – 서양 여느 도시 못지않은 모습을 갖춘 한성
스페셜 뉴스 ▶ 현장 브리핑 – 덕수궁에 퍼지는 가비차 향기
고종훈의 한국사 브리핑

13 을사늑약 일본에 외교권을 빼앗기다 ············ 162
1 인물 초대석 – 러일 전쟁과 외교전에서 승리한 일본
2 심층 취재 – 일본, 대한 제국의 외교권을 빼앗다!
3 헤드라인 뉴스 – 이 분함을 어찌 다 말로 표현할 수 있으랴!
스페셜 뉴스 ▶ 인물 인터뷰 – 무능력하기만 한 고종 황제?
▶ 비하인드 뉴스 – 우리도 할 말 있다! 친일파의 속마음 전격 공개!
▶ 인물 포커스 – 동아시아 평화의 상징, 안중근
고종훈의 한국사 브리핑

14 헤이그 특사 세계를 향한 마지막 몸부림 ········· 183
1 심층 취재 – 세계에 을사늑약의 부당함을 알려라!
2 헤드라인 뉴스 – 독도와 간도, 과연 누구의 땅인가?
스페셜 뉴스 ▶ 비하인드 뉴스 – 덕수궁이 맞을까 경운궁이 맞을까?
고종훈의 한국사 브리핑

을미의병, 국모 시해와 단발령에 봉기

15 의병 항쟁 이제 총칼로 일제에 맞서리라 ············ **193**
1 헤드라인 뉴스 – 을미의병, 국모 시해와 단발령에 봉기
2 심층 취재 – 을사의병, 외교권은 절대 못 넘겨
3 심층 취재 – 대한 제국 군인들, 정미의병에 합류해
스페셜 뉴스 ▶ 현장 브리핑 – 의병의 씨를 말려 버리겠다! 남한 대토벌 작전
고종훈의 한국사 브리핑

신민회, 실력 양성과 무장 투쟁을 동시에!

16 애국 계몽 운동 민족의 실력을 키워 일제에 맞서자 ··· **209**
1 헤드라인 뉴스 – 신민회, 실력 양성과 무장 투쟁을 동시에!
2 심층 취재 – 나라의 빚을 우리가 갚자, 국채 보상 운동!
3 헤드라인 뉴스 – 근대적인 생각에 익숙해진 사람들
스페셜 뉴스 ▶ 비하인드 뉴스 – 한국을 도운 외국인들
▶ 인물 포커스 – 이름마저 한국식으로 바꾼 영국인, 베델
고종훈의 한국사 브리핑

사건 연표 ··· 224
찾아보기 ··· 226

01 통상 수교 거부 정책

외국과의 교류를 금하라

타임라인 뉴스

1801 신유박해로 천주교 신자들이 큰 피해를 입다

1804 순조가 직접 정치를 시작하다
왕비 순원 왕후의 아버지인 김조순에게 정치적으로 의지하며 세도 정치가 시작되다

1834 헌종이 8세의 나이로 제24대 임금으로 즉위하다
할머니인 순원 왕후 김씨를 중심으로 안동 김씨가 정치를 좌우하기 시작하다

1849 철종이 제25대 임금이 되다
철종 대에 세도 정치에 지친 백성이 전국에서 난을 일으키다

1862 세도 정치 하에서 고통 받던 농민들이 진주 민란을 계기로 봉기하다

1863 고종이 제26대 임금으로 즉위하다
흥선 대원군의 강력한 통상 수교 거부 정책이 시작되다

1864 동학 교주 최제우가 처형되다

1866 병인박해로 천주교 신자 8,000여 명이 죽다
제너럴 셔먼호 사건이 일어나다
로즈 제독이 이끄는 7척의 군함이 나타나 병인양요가 일어나다

1868 오페르트 도굴 사건이 일어나 흥선 대원군이 더 강력한 통상 수교 거부 정책을 펴기 시작하다

1871 제너럴 셔먼호 사건을 핑계로 미군이 침입해 신미양요가 일어나다
흥선 대원군이 전국에 척화비를 세우다

1 인물 초대석

생방송 한국사

심상치 않은 조선의 안과 밖

세도 정치로 곪을 대로 곪은 조선은 과연 어디로 가고 있는 것일까요? 사회 각 분야의 전문가들은 하나같이 조선의 미래가 걱정이라고 입을 모으고 있습니다. 그래서 오늘은 조선의 평범한 백성 두 분을 모시고 조선의 미래에 대해 이야기를 나누는 시간을 갖겠습니다.

오과거

안녕하세요. 과거 시험을 10년째 보고 있는 취업 준비생 오과거라고 합니다. 기울어가는 집안을 일으켜 세우기 위해 꼭 과거에 합격해야 하는데…. 조선의 정치가 이 모양이니 취업은 커녕 과거에 합격하기도 너무 어려워 부모님 얼굴을 뵐 낯이 없습니다.

공부를 게을리해서 자주 시험에 떨어지는 것은 아닐까요?

무슨 말씀을 그렇게 하십니까? 제가 시험에 떨어지는 것은 제가 안동 김씨가 아닌 탓이 커요. 안동 김씨나 풍양 조씨 등 몇몇 집안이 나이 어린 임금을 대신해 정치를 하게 되면서 나라꼴이 말이 아니란 건 다들 아실 겁니다. 이런 정치를 **세도 정치**라고 하지요. 세도 정치를 주도하는 집안인 세도 가문이 과거까지 모두 장악해 버린 거예요.

14 통상 수교 거부 정책 | 외국과의 교류를 금하라

구체적으로 말씀해 주실 수 있겠습니까?

세도 가문은 입시 부정을 저질러 같은 집안 사람이라면 무조건 합격시키고 있어요. 세도 가문 출신이 아닌 사람은 뇌물을 듬뿍 안겨 주어야 합격시켜 주지요. 우리 오씨 집안은 넉넉치가 않아 뇌물을 바칠 수 없으니…. 그래서 제가 10년 동안 합격을 못 한 거예요.

참 안타까운 일이군요. 부모님 사정을 여쭤 봐도 될까요?

부모님은 몰락한 양반 출신으로 전라도에서 농사를 짓고 계세요. 부모님을 생각하니 눈물이 앞을 가리네요. 고생이 이만저만이 아니시거든요. 세도가에게 뇌물을 주고 관리가 된 놈들, 아 죄송합니다. 방송이란 걸 깜빡 잊고…. 뇌물을 주고 관리가 된 분들은 자기가 바친 뇌물만큼 농민들에게 걷어 내려고 했어요. 그러니 듣도 보도 못한 세금이 늘어났지요. 게다가 나라는 감시 기능을 제대로 못하니 관리들이 잘못을 저질러도 잡아가지 않았어요. 백성의 삶은 비참하기 짝이 없습니다.

세금 중에서도 특별히 백성을 힘들게 하는 것이 있다면 무엇인가요?

땅에 붙는 세금인 전정도 힘들고, 군포를 거두어 가는 군정도 힘들어요. 전정은 **탐관오리**들이 규정보다 더 많은 세금을 거두었어요. 자신들의 재물을 늘리기 위해서였지요. 군포는 더 가관이에요. 어린아이, 60세가 넘은 남자, 죽은 사람에게도 세금을 매겼거든요. 도망간 이웃의 것까지 내라고 했다니까요! 이게 말이 됩니까? 그리고 **환곡**! 환곡이야말로 백성을 쥐어짜는 세금이에요!

세도 정치

정조가 죽고 순조가 어린 나이에 즉위하면서 왕실과 혼인 관계를 맺은 몇몇 가문이 비정상적으로 권력을 독점하는 정치가 전개되었는데, 이를 세도 정치라고 해요. 이러한 세도 정치는 순조, 헌종, 철종의 3대 60여 년 동안 이어졌어요.

탐관오리

백성의 재물을 탐내어 빼앗는, 행실이 깨끗하지 못한 관리

환곡

조선 시대에 곡식을 저장하였다가 백성들에게 봄에 꾸어 주고 가을에 이자를 붙여 거두던 일

그렇습니까? 환곡에 대해 좀 더 자세한 설명 부탁드립니다.

필요하지도 않은데 억지로 곡식을 꾸어 주고는 비싼 이자를 받지를 않나, 꾸어 준 곡식에는 모래나 겨가 섞여 있지를 않나! 그래도 갚을 때는 꼭 하얀 쌀로 갚아야 했어요. 어쨌든 전정, 군정, 환곡을 삼정이라 부르는 데 이 삼정의 문란으로 백성들의 삶은 그야말로 고통스러웠어요.

이번에는 군인 한 분을 모셨습니다. 요즘 국방에 문제는 없습니까?

이군사 — 얼마 전 국경선 방어를 위해 해안가를 순찰 중이었거든요. 그런데 깜짝 놀랄 일이 있었습니다. 저 멀리 수평선 너머 이상한 배가 조선을 향해 오는 게 아니겠어요? 바로 **이양선**이었어요.

이양선은 예전에도 종종 나타난 것으로 알고 있는데요.

그게, 예전과는 상황이 달라요. 예전에는 길을 잃은 배들이 대부분이었어요. 그런데 지금은 우리 해안에 배를 대고 우리와 거래를 하자고 자꾸 요구하는 거예요. 또 예전에 비해 훨씬 자주 나타나고요. 저러다 서양 무기를 들고 우리 조선 사람들을 해치려는 건 아닌지, 또 무슨 말을 하려고 자꾸 나타나는 건지 별별 생각이 다 든다니까요.

말씀 잘 들었습니다. 앞으로 상황이 어떻게 전개될지 자못 궁금합니다.

> **이양선**
> 이양선(異樣船)은 다를 異(이), 모양 樣(양), 배 船(선) 자를 씁니다. 즉, 모양이 우리의 배와 다른 배라는 뜻이지요. 이러한 배는 대포와 장총으로 무장하고 있었어요.

▲ 이양선

2 헤드라인 뉴스

생방송한국사

천주교 박해를 핑계로 쳐들어온 프랑스 군대

지금 강화도가 프랑스군에 의해 쑥대밭이 되고 있다고 합니다. 이게 어찌된 일일까요? 조선 백성이 여기저기서 목숨을 잃고 재산 상의 피해도 막대하다고 하는데요. 지금 강화도 현장에 김역사 기자가 나가 있습니다. 연결해 볼까요? 김역사 기자, 나와 주세요.

조선 후기에는 서학, 즉 천주교가 널리 퍼졌습니다. 하루하루 버티기도 힘들던 시절, 백성들에게는 마음의 안식처가 필요했던 것이죠. 그런데 조선의 천주교 전파는 다른 나라와 조금 다른 모습을 보여요. 다른 나라는 천주교 선교사들이 먼저 들어와 종교를 전파했어요. 하지만 조선은 자발적으로 천주교를 믿었지요. 중국을 오가는 사신들이 가져온 천주교 서적을 보며 학문으로서 연구하다 신앙으로 받아들였거든요.

천주교가 조선에서 퍼지기 시작한 것은 정조 때였어요. 당시 정조는 '내가 바르면 잘못된 학문(천주교)은 무너질 것이다.'라며 천주교를 반대하는 신하들을 다독일 정도로 크게 신경 쓰지 않았어요. 하지만 정조가 죽자 상황이 달라졌어요.

천주교 신자가 늘면서 교세가 점점 커지자, 정부는 천주교의 조상에

먼저 프랑스 군대가 왜 쳐들어왔는지 그 배경부터 말씀드리겠습니다.

김역사 기자

내세 사상
내세(來世), 즉 다음 생애에 참다운 인간의 행복이 있다고 믿는 종교적 사상

박해
못살게 굴어서 해롭게 함

사학
조선 시대에 성리학에 반대되거나 위배되는 사악한 학문을 이르던 말로 천주교나 동학을 가리켰어요.

유생
유학을 공부하는 선비

통상 조약
두 나라 사이에 서로 물품을 사고파는 것 등과 관련된 사항을 규정한 조약

대한 제사 의식 거부, 평등사상, **내세 사상** 등이 조선에 어울리지 않는다며 **박해**를 시작한 거예요. 양반들은 천주교를 **사학**이라 몰아붙였지요. 천주교가 양반 중심의 신분 질서를 해치고 국왕의 권위에 도전한다고 생각했거든요.

천주교가 본격적으로 박해를 받은 사건은 흥선 대원군 때 일어났어요. 처음에 흥선 대원군은 프랑스를 외교 정책에 이용하려 했어요. 자꾸만 조선 땅을 탐내는 러시아를 막는 데 프랑스를 끌어들이려 했던 거지요. 하지만 프랑스 신부는 정치와 종교는 별개의 것이라며 조선과 러시아의 문제에 개입할 수 없다는 뜻을 밝혔어요. 흥선 대원군은 화가 났지요. 자신이 천주교 신부와 만난 것이 알려지면 유생들이 공격할 것도 걱정되었고요. 이런 상황에서 양반 **유생**들이 천주교 금지를 주장하자 흥선 대원군은 병인년인 1866년 초에 9명의 프랑스 신부와 8,000여 명의 천주교 신자를 처형했어요. 이것이 바로 병인박해예요. 천주교에 너그러웠던 흥선 대원군의 태도가 돌변한 순간이었지요.

그런데 이 병인박해가 뜻밖의 사태를 불러왔어요. 같은 해 프랑스 군대가 자기 나라의 국민을 죽였다는 이유를 대며 조선을 공격해 온 것입니다! 공격한 곳은 강화도였어요.

1866년 9월, 로즈 제독이 이끄는 7척의 군함이 강화도 앞바다에 나타났어요. 군사 800여 명이 배에 타고 있었지요.

"프랑스 국민을 죽였으니 배상금을 지급하라. 그리고 우리 프랑스와 **통상 조약**을 체결해야 한다."

로즈 제독의 요구였어요. 막강한 대포를 가지고 있던 프랑스군은 포

18 통상 수교 거부 정책 | 외국과의 교류를 금하라

를 쏘며 강화도를 공격했고, 문수산성도 파괴해 버렸어요. 조선도 군사를 보내 프랑스군에 맞섰지요. 양헌수 장군이 지휘하는 조선군은 프랑스군 몰래 강화도로 들어갔어요.

그러던 어느 날 조선을 너무 얕본 프랑스군은 대포도 없이 강화도 정족산성으로 향했어요. 이때 양헌수 부대는 몰래 정족산성에 숨어 있다가 일제히 총을 쏘며 프랑스군을 공격했어요. 이 전투에서 프랑스군은 전사자 6명, 사상자가 70여 명에 달했던 데 반해 조선군은 전사자 1명, 부상자 4명뿐이었어요. 서양의 힘센 나라인 프랑스를 상대로 조선이 큰 승리를 거둔 거예요.

▲ 절두산 성지 | 병인박해 때 수많은 천주교 신자들이 처형된 곳으로, 지명도 사람의 머리를 자른 곳이란 뜻을 담고 있어요. 서울 마포구 합정동에 있답니다.

많은 부상자를 낸 프랑스군은 허둥지둥 조선을 떠났어요. 하지만 그냥 떠난 건 아니에요. 프랑스군은 강화도 **외규장각**에 보관하고 있던 귀한 보물들을 닥치는대로 약탈하고 증거를 남기지 않기 위해 불을 질렀어요. 이때 외규장각 안에 보관되어 있던 왕실 관련 책 340여 권과 은덩어리 19상자를 빼앗겼어요.

이 전쟁을 병인년에 일어난 서양인에 의한 난리라는 의미로, 병인양요라 불러요. 조선은 프랑스의 침략을 물리쳤지만 소중한 문화재를 빼앗기는 아픔을 겪어야 했답니다.

외규장각

정조가 창덕궁에 만든 왕실 도서관이자 서고인 규장각의 또 다른 건물로, 조선 왕조 의궤를 보관하던 곳이었어요.

3 심층 취재

이번엔 미국 배다! 조선군이여, 승리하라!

시청자 여러분, 속보입니다. 지금 평양에서는 미국 사람들이 나타나 조선 백성들을 괴롭히고 있다고 합니다. 이들은 대체 어떻게 평양에 오게 된 것일까요? 지금 김역사 기자가 취재를 위해 급히 평양으로 나갔습니다. 김역사 기자, 나와 주세요!

제가 지금 나와 있는 이곳은 대동강변입니다.

김역사 기자

"우리의 작전은 **화공**(火攻)이다. 작은 배들을 서로 묶어라!"

"배에 불을 붙여 제너럴 셔먼호를 향해 가도록 하라!"

지금 이곳에서는 평안 감사 박규수가 미국 배들을 공격하기 위해 작전을 지휘하고 있습니다. 미국과의 한판 전쟁을 준비하는 모습인데요. 그렇다면 왜 이런 일이 벌어졌을까요? 이 사건의 시작은 지금으로부터 5년 전으로 거슬러 올라갑니다.

1866년 8월 미국의 이양선 한 척이 대동강을 거슬러 평양을 향해 천천히 다가오고 있었어요. 배의 이름은 제너럴 셔먼호. 이 배의 선장은 조선의 쌀, 금, 인삼 등을 미국의 면직물이나 그릇과 거래하자고 했어요. 그러나 조선의 입장은 단호했어요. 외국과의 교류를 법으로 금지하고 있으므로 식량을 줄테니 돌아가라고 말했지요.

20 통상 수교 거부 정책 | 외국과의 교류를 금하라

하지만 제너럴 셔먼호는 멈추지 않고 계속 올라왔어요. 그러고는 작은 배에 선원을 태워 평양을 향해 보내는 것이 아니겠어요? 조선군도 감시를 하기 위해 즉시 작은 배를 타고 나아갔지요. 그러자 미국인들은 우리 군인들을 제너럴 셔먼호로 끌고 가 버렸어요. 게다가 평양을 향해 대포를 쏘기까지 했지요.

당연히 평양 백성들은 분노했어요. 이를 본 미국인들은 곧 군인들을 풀어주었지만, 주변에 있던 장삿배를 약탈하고 함부로 여기저기 총을 쏘아대서 조선 백성 7명이 목숨을 잃었지요. 계속해서 보고를 받던 조선 조정은 결단을 내렸어요. **인도주의** 입장에서 식량을 주기까지 했는데 범죄를 저지르니 미국인들을 무찔러야겠다고 판단한 거예요. 조정은 평안 감사 박규수에게 전쟁에 대한 모든 권한을 맡겼어요.

박규수는 제너럴 셔먼호를 향해 불화살을 쏘기로 했어요. 그리고 그 작전은 성공했어요. 불이 붙은 제너럴 셔먼호에서는 구조 요청을 하였고, 이들은 끈으로 묶인 채 대동강변으로 끌려나왔죠. 화가 난 평양 백성들은 이들을 죽여버렸어요. 이것이 제너럴 셔먼호 사건입니다.

그로부터 5년이 지난 얼마 전, 갑자기 미국이 조선 측에 이 사건을 같이 조사하자고 제의한 거예요. 조선이 이를 거부하자 미국은 즉각 군함 5척과 해군 1,200여 명을 조선으로 보냈어요. 이들은 조선의 강화도 근처까지 배를 몰고 들이닥쳤죠.

"우리 미국은 통상을 위한 조약을 맺으러 왔다! 협상할 사람을 보내라! 그렇지 않으면 떠나지 않을 것이다!"

조선은 이를 거부하고 미국 배를 향해 대포를 쏘았어요. 하지만 조

화공
전쟁에서 불로 적을 공격하는 전술

인도주의
인간의 존엄성을 최고의 가치로 여기고 인종, 민족, 국가, 종교 따위의 차이를 초월하여 인류의 안녕과 복지를 꾀하는 것을 이상으로 하는 사상이나 태도

선의 구식 대포는 미국 배에 닿기도 전에 바다에 떨어졌지요. 반면 미군이 쏜 대포는 강화도의 광성진을 정확히 쏘았고, 광성진은 맥없이 무너졌어요.

어재연 장군이 이끄는 조선군은 목숨을 걸고 격렬하게 싸웠지만 어재연을 비롯해 조선군 240여 명이 전사했고, 수많은 사람들이 다쳤어요. 굴욕적인 항복을 하느니 차라리 죽겠다며 자신의 배를 가르는 조선 군인도 100여 명이나 되었어요. 반면 미군의 사망자는 3명뿐이었죠. 그러나 조선군은 포기하지 않고 반격을 준비했어요. 밤을 틈타 미군이 머물고 있던 곳을 몰래 공격한 거예요.

"이렇게 공격을 했는데도 통상을 거부하다니, 조선이라는 나라는 참 이상한 나라야. 전쟁에 졌다고 자살까지 하는 독한 민족! 이렇게 조그만 나라는 굳이 통상을 하지 않아도 될 것 같아."

예상보다 조선군의 저항이 거세자 미군은 스스로 퇴각했어요.

조선 조정은 그제야 안도의 숨을 쉴 수 있었죠. 이 사건이 바로 신미양요로, 신미년에 서양인이 일으킨 난리란 뜻을 담고 있죠. 비록 많은 사상자를 냈지만 병인양요에 이어 신미양요까지 승리한 조선은 크게 기뻐했어요. 중국마저 무릎을 꿇은 서양의 큰 나라들을 상대로 자그마한 나라인 조선이 승리를 한 셈이니까요.

▲ 현재의 광성진

4 헤드라인 뉴스

병인양요에 이어 신미양요를 겪으며 흥선 대원군을 비롯한 조선의 지배층들은 서양에 대해 어떤 생각을 갖게 되었을까요? 이를 단편적으로 알 수 있는 일이 지금 한성 시내에서 일어나고 있습니다. 취재를 마친 김역사 기자로부터 자세한 설명을 들어보도록 하겠습니다.

신미양요 당시, 강화도에 쳐들어온 미군이 강력한 무기로 공격하고 있다는 보고를 받은 흥선 대원군은 초조했습니다. 병인양요 이후 흥선 대원군은 국방에 특별히 신경을 썼어요. 군인들의 훈련을 더 강화했고, 포를 잘 쏘는 사람이라면 신분에 상관없이 군에서 승진할 수 있도록 법을 만들었지요.

그런데도 신미양요에서 큰 피해를 입자 흥선 대원군은 당황스러웠던 것이 분명합니다. 특히 어재연 장군의 사망 소식은 흥선 대원군에게 충격이었죠. 사태의 심각성을 깨달은 신하들 사이에서는 통상을 하는 것이 어떻겠냐는 의견도 나왔어요.

"뭣이라! 수천 년 동안 예의의 나라로 이름 높은 우리가 어찌 **금수** 같은 무리와 **화친**할 수 있겠는가! 우리는 **척사**의 입장을 더욱 굳건히 해

조선은 프랑스와 미국의 침략을 물리쳤지만 마음을 놓을 수는 없었습니다.

김역사 기자

금수
날짐승과 길짐승이라는 뜻으로, 모든 짐승을 이르는 말

화친
나라와 나라 사이에 다툼 없이 가까이 지냄

척사
사악한 것을 물리침

위정척사
바른 것(정正: 성리학적 전통 질서)을 지키고, 사악한 것(사邪: 서양 문물)을 물리친다는 의미예요. 외국과의 통상 반대 운동으로 이어졌어요.

수교
나라와 나라 사이에 교제를 맺음

나라를 지킬 것이다!"

이러한 흥선 대원군의 입장은 정치적으로 흥선 대원군에게 큰 힘을 가져다 주었어요. 이 무렵 흥선 대원군은 서원 철폐 정책을 추진한 탓에 양반 유생들과 거리가 멀어진 상태였는데, **위정척사** 정책으로 양반 유생들의 전폭적인 지지를 받았거든요.

신미양요에서 승리한 후 흥선 대원군은 자신의 척사 의지를 널리 알리기로 결심했어요.

"통상 수교 거부 의지를 담은 척화비를 전국에 세워라!"

이에 전국에 척화비라는 비석이 세워졌습니다. 지금 종로 거리에는 많은 백성들이 나와 있는데요. 한 분과 이야기를 나누어 보겠습니다.

여기 서 있는 것이 무엇인지 알고 계십니까? 글씨도 쓰여 있는데요. 뭐라고 쓰여 있는 겁니까?

안백성

보면 몰라유? 비석이잖어유. 비석 이름이 척화비라고 하는구만 유. 기자 양반이 글을 잘 모르는게벼~. 여기 뭐라고 써 있는지 내가 알려 줄게유.

洋夷侵犯 非戰則和 主和賣國
(양이침범 비전즉화 주화매국)
서양 오랑캐가 침범하니 싸우지 않으면 화친이 있을 뿐이다.
화친을 주장함은 나라를 팔아먹는 일이다.

24 통상 수교 거부 정책 | 외국과의 교류를 금하라

비석에 적힌 내용에 찬성하십니까?

찬성하다마다유. 병인양요나 신미양요 때 양놈들이 우리한테 한 거 보면 무섭잖아유. 그런데 서양에서 들어온 물건을 보면 뭔가 우리 물건보다 쪼까 나은 느낌도 드는 것이…. 배울 건 또 배워야 하지 않나 하는 생각이 들기도 하더라구유.

▲ 척화비

흥선 대원군은 두 차례에 걸친 서양의 침략을 물리친 후 나라의 문을 더 굳게 걸어 잠그고 서양의 요구에 응하지 않았습니다. 후대의 많은 사람들이 이러한 흥선 대원군의 정책을 부정적으로 평가하고 있는 것이 사실입니다. 하지만 통상 수교 거부 정책이 나쁜 면만 있는 것일까요?

당시 조선의 최고 지도자였던 흥선 대원군은 서양의 움직임, 서양에 맞선 청과 일본의 변화 등을 모두 알고 있었어요. 더불어 준비 없이 나라의 문을 연 청이 얼마나 고생하고 있는지도 알고 있었지요. 그래서 나라의 문을 열기 전에 준비가 필요하다고 생각한 거예요. 흥선 대원군은 공식적으로는 서양과의 교류를 금하였지만 서양 무기를 소개하는 책을 구해 배우려고 노력하는 등 나름의 준비를 했답니다.

흥선 대원군은 조선 스스로의 힘으로 개혁을 하고, 부강한 나라로 만든 후 서양과 대등한 관계에서 나라의 문을 열고 싶었던 거예요. 그렇지 않으면 청이 당한 것처럼 서양 세력에 휘둘릴 게 뻔하다고 판단한 거죠. 하지만 세상은 너무 빠르게 변하고 있었고 흥선 대원군이 바르게 판단했다 할지라도 개혁을 실천할 시간이 부족했어요. 후일 조선의 운명을 생각하면 안타까운 마음이 듭니다.

스페셜뉴스 10분 토론

흥선 대원군의 정책, 어떻게 볼 것인가?

얼마 전 흥선 대원군이 권력을 잡은 후 여러 정책들이 정신없이 쏟아져 나오고 있습니다. 이 정책들에 반대하는 사람들도 있고 찬성하는 사람들도 있는데요. 오늘은 양반 유생 대표인 최유생 씨와 백성 대표인 오평범 씨를 모시고 각 계층에서는 흥선 대원군의 정책에 대해 어떻게 평가하고 있는지 알아보도록 하겠습니다.

먼저 양반도 군포를 내게 한 호포제에 관해서 이야기를 나누어 보도록 하겠습니다.

최유생
양반이 왜 양반입니까? 일반 백성하고는 신분이 달라서 양반 아닙니까? 그래서 예전부터 양반은 세금을 내지 않았던 거고요. 그런데 조선 왕조 500년 동안 내지 않던 세금을 왜 갑자기 내라고 하는 겁니까? 양반을 백성처럼 취급하는 건 당연히 잘못된 정책이라고 생각합니다.

오평범
아이고, 이거 왜 이러시나~. 요즘 가짜 양반이 많다는 건 다들 아시죠? 임진왜란 이후 재정이 바닥나자 조선에서는 양반을 사고팔지 않았습니까? 그래서 양반 수도 엄청나게 늘어난 거고요. 그 양반들이 다 세금을 내지 않으면 나라에서 필요한 돈을 어떻게 마련하라는 겁니까? 배웠다는 분이 왜 그렇게 생각이 짧은지, 쯧쯧! 저는 당연히 양반도 세금을 내야 한다고 생각합니다. 그리고 저도 천주교나 동학을 통해 모든 사람이 평등하다는 것을 이젠 알고 있다고요. 그러니 세금도 공평하게 내야죠, 암요!

이번에는 47곳의 사액 서원만 남기고 모든 서원을 철폐한 정책에 대해 토론하겠습니다.

시청자 의견 ▶ [@흥선 짱] 세도 정치 끝낸 것만으로도 행복해~ ▶ [@조선 사랑] 양반이 너무 이기적인 거 같은데

26 통상 수교 거부 정책 | 외국과의 교류를 금하라

최유생 어디 부채 없나요? 서원 철폐를 생각하니 열이 좀 올라서…. 조선은 유교 국가입니다. 유교 발전을 위해 애쓴 학자들과 공자를 모시는 사당의 역할을 한 곳이 서원입니다. 또 이곳에서 교육 활동도 했고요. 유학의 상징과도 같은 서원을 없애면 누가 조선을 유학의 나라이자 예의의 나라라고 하겠습니까?

오평범 서원이 처음에 좋은 뜻으로 시작된 것쯤이야 저도 압니다. 하지만 지금은 어떻습니까? 정해진 인원보다 더 많은 수의 노비를 불법적으로 소유하고 있잖아요. 또 서원에 딸린 땅의 세금을 면제해 주는 것도 공평하지 않고요. 그리고 무엇보다 양반들이 거기서 공부만 합니까? 서로 헐뜯으며 붕당의 근원지 역할을 했잖아요. 저는 이 정책에 적극 찬성합니다. 서원을 완전히 없애는 것도 아니잖아요.

경복궁을 고쳐 짓는 것에 대해서는 어떻게 생각하십니까?

최유생 이 정책도 반대합니다. 궁궐을 짓는 게 어디 돈이 한두 푼 듭니까? 그래서 양반들한테 원납전을 걷었잖아요. 말이야 원해서 내는 돈이라지만 그게 양반들의 진심인가요? 흥선 대원군한테 밉보여 나중에 혼나지 않을까 걱정하는 마음에 낸 거지요.

오평범 이제야 말이 통하네요! 저도 경복궁 중건은 반대입니다. 양반은 돈만 내면 되지만 우리는 세금도 내고, 직접 건물도 지어야 해요. 조선에 경복궁이 큰 의미가 있는 것은 알지만 불이 나서 다 타버린 경복궁을 다시 짓는 것은 정말 힘들었어요. 오죽하면 경복궁 타령이라는 노래까지 지어 불렀겠어요!

서로 다른 의견을 보이다 경복궁 중건에서는 모두 같은 의견을 내놓고 있군요.
아무쪼록 흥선 대원군의 정책이 나랏일에 큰 도움이 되길 바랍니다.
이상 토론을 마치겠습니다.

[@잘 살아보세] 서원 철폐, 더 빨리 했어야 했는데! 늦었다고 생각한 때가 가장 빠르니까~

스페셜뉴스 그때 그 물건

서양 오랑캐의 총알도 막아 낸다!
우리 솜씨로 만든 **방탄 조끼**를 소개합니다.

세계 최초의 방탄 조끼가 조선에서 개발되었다는 사실을 아시나요?

병인양요를 겪으며 흥선 대원군은 서양 무기의 화력에 깜짝 놀랐어요. 임진왜란 중 조선도 총을 갖게 되었지만 서양 무기는 조선의 총과는 비교할 수 없을 정도의 위력을 가지고 있었죠. 그래서 흥선 대원군은 신하들에게 총탄을 방어할 수 있는 갑옷 개발을 명합니다.

흥선 대원군의 명을 받은 신하들은 본격적으로 갑옷 개발을 시작했어요. 그러던 중 총알이 두꺼운 면포를 뚫지 못한다는 사실을 알게 되었지요. 이런 내용은 기록에도 나와 있어요.

면포가 총알을 막을 수 있다는 말이 있어 이를 시험했는데 면포 12겹을 겹쳤을 때에야 뚫리지 않음을 확인하고 면포 13겹에 솜을 두어 면제 갑옷을 제작하였다. 갑옷을 착용하고 훈련을 하니 한여름에는 군사들이 더위를 못 이겨 코피를 쏟았다.

▶ 면제 갑옷

이 면제 갑옷은 신미양요 때 본격적으로 사용되었어요. 이로 인해 신미양요는 세계 최초로 방탄 조끼를 실전에서 사용한 전투로 기록됐지요. 하지만 면제 갑옷은 너무 두껍고 무거워 움직이기 불편하고, 면이 불에 잘 타는 성질이 있어 화공을 당했을 때 불리하다는 단점이 있었어요. 이 때문에 비록 면제 갑옷은 전투에 큰 도움이 되지는 않았어요. 하지만 신무기를 개발하려는 노력과 의지는 높이 평가할 수 있답니다.

통상 수교 거부 정책 | 외국과의 교류를 금하라

스페셜뉴스  체험! 역사 현장

강화도에 가 보자!

강화도는 서울 바로 옆에 있는 큰 섬으로, 우리나라에서는 네 번째로 큰 섬이에요. 제주도, 거제도, 진도, 그 다음이 강화도예요. 강화도는 한강 하구에 위치한 데다가 고려의 도읍인 개성, 조선의 도읍인 한성과 가까워 굵직굵직한 사건이 많이 일어난 곳이랍니다.

❶ 고인돌 남한에서는 보기 드문 탁자식 고인돌로 유명해요. 고인돌 축제도 열리지요.

❷ 선원사 팔만대장경을 조선 초기까지 보관했어요.

❸ 광성보 좁은 강화 해협 때문에 작은 배 한 척도 그냥 통과할 수 없는 절묘한 지형을 이루고 있어요. 병인양요와 신미양요 때 적을 통과시키지 않기 위해 치열한 전투를 벌인 곳이지요.

❹ 초지진 신미양요 때 미군의 우월한 무기 앞에 결국 미군에게 내어 준 군사 요지예요.

❺ 참성대 마니산에 있으며 단군왕검이 하늘에 제사를 올리기 위해 쌓은 제단이라고 해요. 해마다 개천절 행사가 열리고, 전국체육대회 성화도 이곳에서 불을 붙이죠.

❻ 고려 궁궐터 고려가 몽골에 대항하기 위해 강화도로 도읍을 옮기고 세운 궁궐과 관아 건물이 있던 곳이에요.

❼ 전등사 고구려 때 세워진 절이라고 해요. 조선 시대에는 조선 왕조 실록을 보관하는 사고를 두었던 곳이기도 해요.

 스페셜뉴스 인물 포커스

조선 왕조 의궤 환수에 평생을 바친 박병선 박사

김역사 기자

우리 기억에서조차 잊혀진 소중한 문화재를 찾아 세상에 널리 알린 사람이 있습니다. 바로 박병선 박사예요. 세계에서 가장 오래된 금속 활자본인 『직지심체요절』을 세계에 알리고, 국가적 보물인 조선 왕조 의궤가 다시 우리나라로 돌아올 수 있도록 평생을 바쳐 애쓴 분이랍니다. 박병선 박사의 일생을 함께 알아볼까요?

박병선 박사는 한국에서 촉망받는 젊은 역사학자였어요. 1955년에 프랑스로 유학을 떠났지요. 소르본 대학에서 열심히 공부해서 역사학 박사 학위를 받았고, 프랑스 국립 고등 교육 기관에서 종교학 박사 학위를 받는 등 학문 연구에 매진하여 프랑스에서도 인정을 받았어요.

공부를 마친 그녀는 1967년부터 프랑스 국립 도서관의 사서로 근무하게 되었어요. 사실 그녀가 국립 도서관에서 근무하기를 간절히 원했던 이유는 외규장각 의궤 때문이었어요. 역사를 공부하면서 병인양요 때 프랑스군이 약탈해간 외규장각 의궤를 찾겠다는 다짐을 했었거든요.

박병선 박사는 사서로 일하는 틈틈이 이곳저곳을 뒤졌어요. 그러다 도서관 귀퉁이에서 먼지 쌓인 책 한 권을 발견했죠. 바로 『직지심체요절』이었어요. 이는 놀라운 발견이 아닐 수 없었어요. 세계에서 가장 오래된 금속 활자본이었으니까요. 하지만 학계는 받아들이지 않았어요. 박병선 박사는 이 사실을 스스로 증명하기로 결심했죠.

30 통상 수교 거부 정책 | 외국과의 교류를 금하라

인쇄술에 대해 아는 것이 없었던 박병선 박사는 프랑스의 대장간을 돌며 금속 활자가 어떻게 만들어지는지 직접 조사했어요. 지우개와 감자로 활자를 직접 만들어 찍어보기도 하고요. 이런 노력은 5년 동안 이어졌고 드디어 결실을 맺었죠. 1972년 프랑스 파리 국립 도서관에서 '유네스코 세계 도서의 해' 기념 도서 전시회에 『직지심체요절』을 출품하게 된 거예요. 이를 통해 구텐베르크의 것보다 73년이나 앞선 세계 최고의 금속 활자본이란 사실이 입증되었어요.

박병선 박사의 활약은 『직지심체요절』의 역사성을 증명하는 데에 그치지 않았어요. 1975년에는 병인양요 때 프랑스군에 의해 약탈되었던 외규장각 의궤도 찾아낸 거예요. 그런데 이 사실을 한국에 알렸다는 이유로 박사는 프랑스 국립 도서관에서 쫓겨나고 말았어요. 이런 시련에도 불구하고 외규장각 의궤 반환을 위한 그녀의 노력은 계속되었죠. 우리나라의 서울대 규장각에서도 외규장각 의궤의 반환을 주장하며 그녀에게 힘을 보탰어요.

박병선 박사의 노력과 우리 정부의 외교적 활약으로 마침내 외규장각 의궤는 2011년에 임대 형식으로 우리나라로 돌아왔어요. 비록 임대 형식이지만 145년 만에 고국으로 돌아온 거예요. 암으로 고생하던 박병선 박사는 외규장각 의궤가 돌아온 2011년 바로 그 해에 세상을 떠났어요. 『직지심체요절』과 외규장각 의궤 등 해외로 반출된 우리 문화유산에 대한 연구와 귀환을 위해 평생을 바친 박병선 박사. 그녀의 삶을 우리는 꼭 기억해야 할 거예요.

꼭 목숨을 바쳐 나라를 위해 헌신하는 것만이 애국은 아닐 것입니다. 자신의 위치에서 자신이 할 수 있는 최선의 노력을 다한 박병선 박사야말로 이 시대에 살고 있는 많은 사람들에게 애국이 무엇인지 알려 주는 분이라고 할 수 있을 것입니다.

 **고종훈의 한국사 브리핑**

사건 핵심 분석 ▶ 통상 수교 거부 정책

QR 코드를 찍으면 고종훈 선생님의 강의를 볼 수 있어요.

시대 ▶ 고종 즉위(1863), 흥선 대원군 집권부터 신미양요(1871)까지
대표적인 사건 ▶ 병인양요, 신미양요
주요 인물 ▶ 흥선 대원군
흥선 대원군이 가장 싫어하는 종교 ▶ 천주교
조선이 가장 상대하기 싫은 나라 ▶ 프랑스, 미국
역사적 중요도 ▶ ★★★★☆
시험 출제 빈도 ▶ 높음

흥선 대원군은 서양과의 접촉을 거부했어요.

흥선 대원군은 지방관들에게 서양과 접촉을 하지 말라고 명했어요. 그리고 천주교를 위험한 종교라고 생각해 대대적인 단속을 했답니다. 우리나라에서 활동하던 프랑스 선교사 9명과 조선인 천주교도 8,000여 명을 처형하는 일도 서슴지 않았어요.

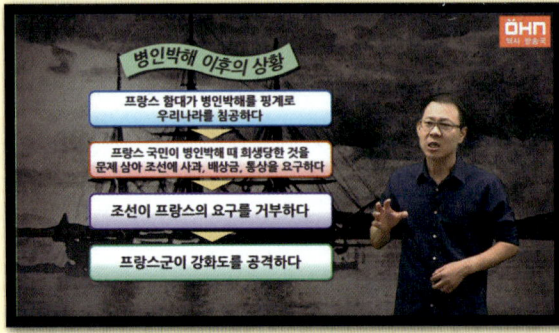

병인박해 이후 프랑스 함대가 쳐들어 왔어요.

프랑스 군대는 프랑스인이 희생당한 병인박해를 문제 삼아 조선에게 사과와 배상금, 통상 등을 요구하며 강화도를 침략했어요. 이에 맞선 조선 군대는 강화도의 정족산성에서 프랑스 군대를 크게 무찔렀어요. 이 사건을 병인양요라 합니다.

미국은 제너럴 셔먼호 사건을 문제 삼아 조선을 침략했어요.

미국은 제너럴 셔먼호 사건을 구실 삼아 강화도를 공격했어요. 이때 어재연 장군을 비롯한 조선 군사가 거의 몰살당했습니다. 하지만 조선은 끝까지 저항했고 미국은 결국 철수했어요. 이 사건을 신미양요라 해요.

사건 관계 분석

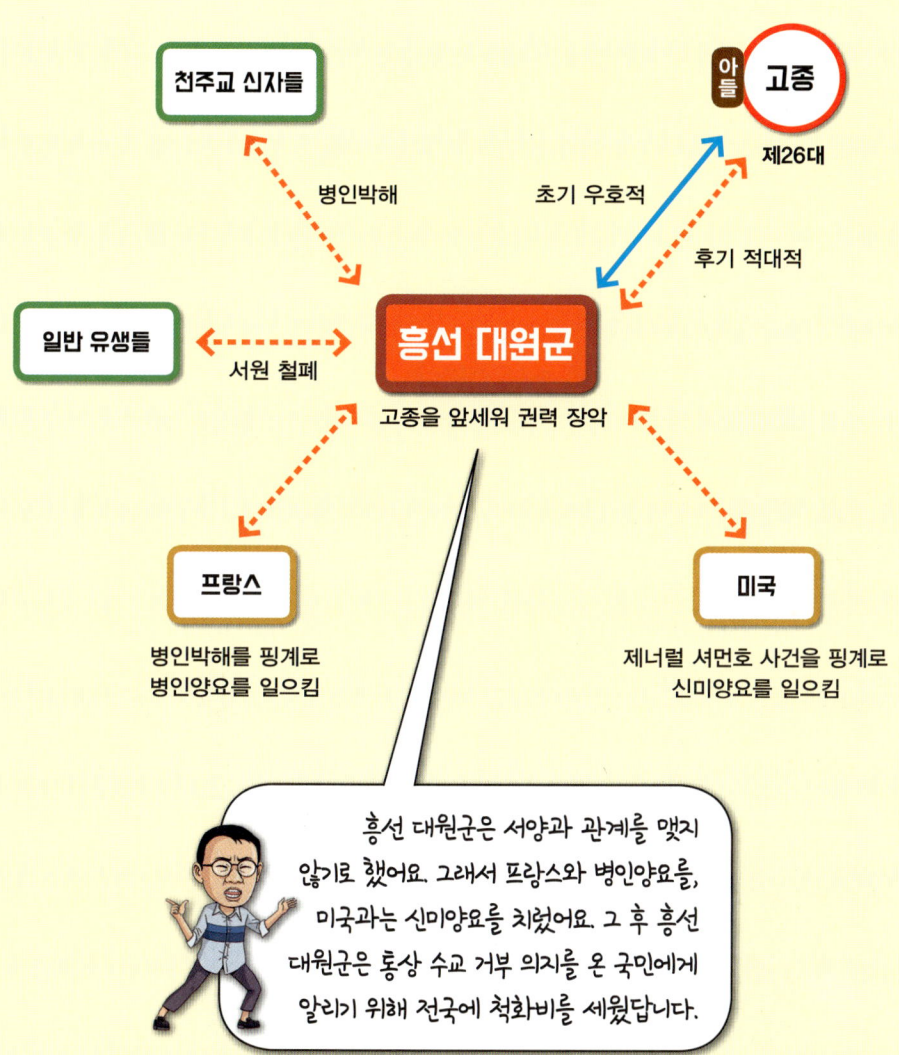

타임라인 뉴스

1853 — 미국이 함대를 보내 일본에 개항을 요구하다

1854 — 일본이 미국과 미일 화친 조약을 맺은 후 나라의 문을 열고 서구식의 근대화 정책을 추진하다

1863 — 고종이 제26대 임금으로 즉위하다

1866 — 고종이 왕후 민씨를 왕비로 맞아들이다
병인박해로 천주교 신자 8,000여 명이 죽다
제너럴 셔먼호 사건이 일어나다
로즈 제독이 이끄는 7척의 군함이 나타나 병인양요가 일어나다

1870년대 — 일본에서 조선을 정벌하자는 정한론이 강하게 일어나다

1871 — 제너럴 셔먼호 사건을 핑계로 미국이 침입해 신미양요가 일어나다

1873 — 최익현이 상소를 올려 흥선 대원군을 공격해 10년 동안 집권한 대원군이 물러나다

1875 — 고종의 명령으로 일본과의 국교 수립에 나서는 등 개화의 의지를 담은 정책을 실시하다
일본은 시간을 끌며 응하지 않다가 침략적 의도를 담은 운요호 사건을 일으키다

1876 — 강화도 조약을 체결하다

1 헤드라인 뉴스

흥선 대원군을 몰아내고 권력을 잡은 고종

속보입니다! 어린 아들인 고종을 앞세워 권력을 장악했던 흥선 대원군이 하루아침에 권력의 꼭대기에서 내려왔다고 합니다. 흥선 대원군을 몰아내고 권력을 잡는 데 성공한 고종과 왕후 민씨에 대해 김역사 기자가 자세히 취재했습니다. 김역사 기자 나와 주세요.

김역사 기자

고종이 어떤 과정을 통해 권력을 잡게 되었는지 설명해 드리겠습니다.

고종은 무언가를 깊이 생각하며 경복궁 정원을 이리저리 거닐었어요. 아내 왕후 민씨를 만나고 난 이후였지요.

"전하가 요즘 무슨 생각을 하시는지 저는 압니다. 전하의 나이도 이제 스물 둘이옵니다. 여태껏 나이가 어려 아버지에게 정치를 맡길 수밖에 없었지만 지금은 아니지 않습니까? 스스로 정치를 하시고자 하는 전하의 바람은 지극히 당연한 것이라고 생각합니다. 제가 옆에서 도울테니 조용히 기회를 마련하시길 바랍니다."

왕후 민씨는 고종의 마음을 정확히 읽고 고종에게 조언을 아끼지 않았어요. 고종은 어떻게 하면 아버지 흥선 대원군 모르게 권력을 손에 쥘 수 있을까 고민하게 되었죠.

우선은 사람이 필요했어요. 모두 흥선 대원군만을 바라보는 이 상황

강화도 조약 | 조선이 외국과 맺은 첫 조약

에서 고종과 왕후 민씨는 조용히 움직였어요. 사람을 찾는 건 그리 어렵지 않았어요. 우선 왕후 민씨의 양오빠가 되어 왕후 민씨의 집안을 돌보던 민승호와 사촌 오빠들이 큰 힘이 되어 주었죠. 그 다음엔 흥선 대원군에게 불만을 품은 사람들이 고종 편에 섰어요. 흥선 대원군의 형과 흥선 대원군의 첫째 아들이자 고종의 형인 **이재면**도 흥선 대원군에게 등을 돌렸죠. 흥선 대원군의 형은 최고 권력을 동생에게 빼앗겼다고 생각했고, 고종의 형은 아버지 때문에 왕위에 오르지 못했다고 생각했거든요.

때마침 유학자인 최익현이 상소를 올렸어요.

> 전하, 전하가 어리신 것을 핑계로 흥선 대원군께서 정치를 대신하며 옳지 않은 일들을 일삼아 나라의 위기가 높아지고 있습니다. 임금의 가족은 그 지위를 높이 받들 뿐이지 정치에 직접 관여해서는 아니 되옵니다.

이 상소를 받은 고종과 왕후 민씨는 매우 흡족했어요. 흥선 대원군을 몰아내는 기회가 될 수 있으니까요. 드디어 22세의 고종은 **친정**을 선포했지요. 그 결과 흥선 대원군은 하루아침에 모든 권력을 내려놓고 자신의 집인 운현궁으로 돌아갔어요. 이로써 흥선 대원군의 시대는 막을 내리게 됩니다.

고종은 아버지인 흥선 대원군과 전혀 다른 대외 정책을 추진하기로 했어요. 나라의 문을 꼭꼭 잠그는 것이 아니라 문을 열고 외국의 앞선 문화와 기술을 받아들여 조선도 그 나라들처럼 발전된 국가로 만들려는 것이었지요. 앞으로 조선은 어떠한 변화를 맞이하게 될까요?

이재면
철종이 죽었을 때 고종의 형인 이재면은 20살이어서 왕이 되기에 적당한 나이였어요. 직접 정치를 할 수 있는 나이였지요. 하지만 왕 수업을 전혀 받지 않은 상태에서 직접 정치를 하는 것은 자칫 신하들에게 휘둘릴 위험이 있었어요. 또한 순조의 비인 신정 왕후 조씨의 양자로 들어가야 하는데, 그러기엔 나이가 너무 많았어요. 이러한 이유로 이재면은 흥선 대원군의 첫째 아들임에도 왕이 될 후보에서 밀려났고 자신이 왕이 되지 못한 것에 불만을 품었어요.

친정
임금이 직접 나라의 정사를 돌봄

2 심층 취재

생방송 한국사

운요호를 앞세워 다가오는 일본

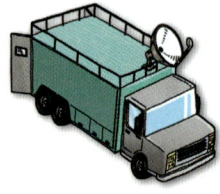

요 근래 조선에서 가장 바람 잘 날 없는 곳은 바로 강화도가 아닐까요? 병인양요와 신미양요의 상처가 채 아물기도 전에 강화도에 또 외국 배가 나타났습니다. 과연 이 배는 어느 나라 배이며, 무슨 일로 조선을 찾은 걸까요? 현장에 나가 있는 김역사 기자 전해 주시죠.

저는 지금 한강 하류의 강화도에 나와 있습니다.

지금 이곳 강화도에는 이양선이 또 나타났습니다. 이 때문에 많은 백성이 모여 수군거리고 있는데요. 백성의 반응 먼저 들어보겠습니다.

김역사 기자

윤백성

저 요상한 모양의 배는 또 뭐야? 서양 배가 또 들이닥치는 모양이네. 우리가 병인양요, 신미양요 때 봤잖아. 빨리 가족들부터 찾아야 쓰겠네. 그런데 이번에는 또 어느 나라요?

이양선을 본 사람들은 몹시 불안해하고 있습니다. 이제 겨우 잠잠하다 싶었는데 또 다른 이양선이 강화도를 향해 오고 있으니까요. 그런데 이양선 깃발을 보니 미국도, 프랑스도 아니었어요. 빨간 태양이 떠오르는 그림이 그려진 깃발. 그건 바로 일본이 얼마 전부터 공식 국기로 사용하는 것이었어요.

　강화도를 지키던 조선 군인들은 바짝 긴장한 채 일본 배가 어떤 움직임을 보일지 감시했어요. 잠시 후, 운요호에서 작은 배가 내려오더니 강화도의 진지 중 하나인 초지진으로 접근해 왔어요. 이제 조선 관군도 지켜보고만 있지는 않았죠. 명백한 영토 침입 행위였으니까요.

"포를 쏘아라!"

　명령과 함께 초지진에서는 포를 쏘았어요. 포를 쏘기 시작하자 일본 측의 작은 배는 얼른 돌아갔지요. 그러자마자 운요호에서는 기다렸다는 듯이 포로 맞대응했어요. 전쟁이 시작된 거죠.

　조선이 쏜 구식 포는 운요호에 닿기도 전에 바다로 떨어져 버렸지만 신식 배인 운요호에서 발사된 포는 정확히 초지진을 공격해 박살을 내 버렸어요. 일본은 이틀에 걸쳐 초지진 일대를 공격했지요. 그리고 그 다음날에는 강화도 옆 작은 섬에 닻을 내리는 게 아니겠어요? 그러더니 일본군은 영종도로 올라와 불을 지르고 사람들이 사는 집을 공격해 닥치는 대로 식량과 가축을 **약탈**했어요. 운요호가 10일 동안 **정박**했던 영종도는 그야말로 쑥대밭이 되었어요. 일본군은 약탈해 간 소, 돼지, 닭 등으로 배에서 잔치를 벌인 후 유유히 일본으로 떠나갔지요.

　조선은 발칵 뒤집혔어요. 미개한 나라라고 여태껏 무시했던 일본과의 싸움에서 조선이 크게 패했으니까요. 게다가 조선은 두 차례의 양요 이후 성벽을 튼튼하게 고치고 군대의 사기도 높이는 등 나름대로 많은 노력을 했기 때문에 놀라움과 실망감은 더 컸습니다. 그런데 일본은 운요호 사건을 왜 일으킨 걸까요? 그 이유가 궁금합니다.

약탈
폭력을 써서 남의 것을 억지로 빼앗음

정박
배가 닻을 내리고 머무름

3 인물 초대석

생방송 한국사

서양 문물을 받아들인 일본, 이후의 선택은?

국제 소식입니다. 흥선 대원군과 고종의 권력 다툼 등 나랏일이 시끄러워 주변 나라들의 상황을 전해드리지 못했는데요. 시대가 시대인만큼 급격히 변하는 국제 관계를 파악하는 것이 중요합니다. 김역사 기자가 직접 일본으로 가 일본 외교 정책 전문가를 만났습니다.

야스오

안녕하세요. 일본의 외교 정책을 연구하고 있는 야스오라고 합니다. 일본은 임진왜란을 통해 발달된 조선의 문화를 그 어느 때보다 많이 흡수하여 빠르게 발전할 수 있었습니다. 학문도 발전하고 조선의 도자기 기술에 일본만의 예술 감각을 더해 도자기 문화도 발전했지요. 또 임진왜란이 끝나고 나서는 문화 강국인 조선에 통신사를 보내 달라고 강하게 요구했어요.

전쟁 동안 감정이 안 좋았을텐데 통신사를 보내 달라는 일본의 청을 조선이 들어주었나요?

하하하. 국제 관계란 감정만으로는 할 수 없는 일이지요. 조선에서야 우수한 문화를 일본에 전해 주고 싶지 않았겠지만 우리 일본의 사정을 정확히 알고 싶은 마음도 컸을 거예요. 교류를 통해 일본의

강화도 조약 | 조선이 외국과 맺은 첫 조약

모습을 제대로 파악해야 또 전쟁이 일어나는 것을 미리 막을 수 있을 것이라고 생각한 거죠. 또 임진왜란 때 일본으로 끌려온 조선 포로들을 조선으로 데려와야 한다는 현실적인 문제도 있어서 일본의 통신사 요청을 수락한 것으로 보여요.

그럼 일본은 계속 조선이나 명과만 교류했나요?

전통적으로는 그랬죠. 하지만 곧 서양과의 교류도 시작되었습니다. 원래 일본 정부는 서양의 크리스트 교가 일본 안에서 퍼지는 것을 막기 위해 서양과의 교류를 막았어요. 하지만 **나가사키** 한 곳에서만은 서양과의 교류를 허락했지요. 이곳에 머무른 서양 세력은 네덜란드 상인들이었어요.

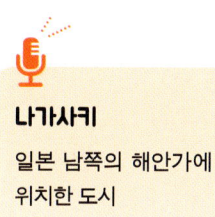

나가사키
일본 남쪽의 해안가에 위치한 도시

서양과 교류를 했다고요? 놀라운 일이군요. 교류를 통해 얻은 것이 있습니까?

처음에는 서양인들이 일본 땅에서 마음대로 돌아다니는 것이 무척 두려웠어요. 그래서 나가사키 앞바다에 인공적으로 섬을 만들어 네덜란드 사람들이 그곳을 벗어나지 못하도록 했지요. 그 섬의 이름이 데지마입니다. 이곳에 네덜란드 사람들이 드나들면서 자연스럽게 서양의 앞선

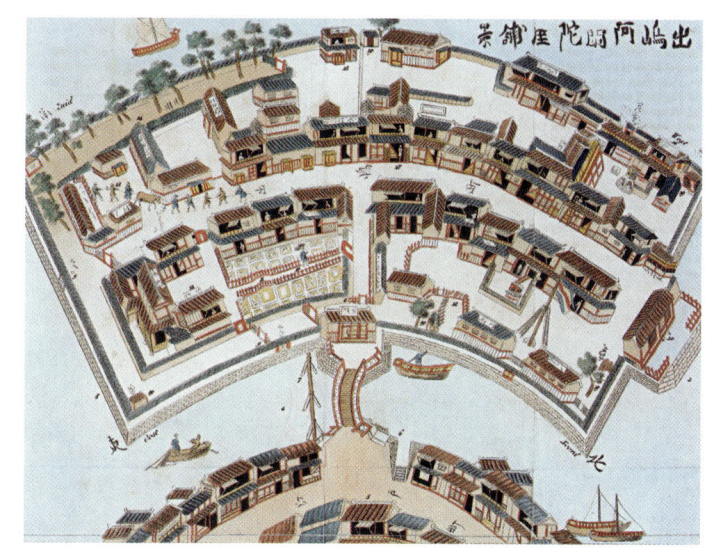

▲ 데지마

과학 기술이 전해질 수 있었어요. 의학을 비롯한 서양의 학문도 들어왔지요. 우리는 네덜란드를 통해 들어온 서양의 학문과 기술을 '난학'이라고 불렀어요. 당시 네덜란드를 화란이라고 불렀기 때문에 화란의 학문이라는 뜻으로 난학이라고 한 거죠.

그럼 일본은 아시아에서 가장 일찍 서양의 문화를 접하고 또 습득한 국가가 되는 셈이네요?

맞습니다. 또 지배층은 서양의 우수한 군사 시설과 과학 기술을 접하면서 서양의 문화를 받아들여야 한다고 생각하게 되었어요. 이후 적극적으로 서양 문물을 받아들여 일본은 빠르게 성장했지요.

서양 문물을 받아들인 후 일본은 조선을 어떻게 생각하게 되었나요?

운요호를 아시죠? 서양만이 가지고 있던 커다란 배와 신식 무기를 이제 일본도 갖게 된 거예요. 당연히 일본 지배층은 자신감을 갖게 되었죠. 그리고 일본의 발전을 위해 조선을 정복하자는 의견도 서서히 나오기 시작했어요. 이것을 '**정한론**'이라고 한답니다.

정한론
1870년대를 전후하여 일본 정계에서 일어났던 조선 정복에 관한 주장

서양의 과학 기술을 일찍 받아들여 빠르게 성장한 일본. 그 일본이 이제는 조선을 위협하게 될 것 같아 우려스럽습니다. 이상 일본에서 김역사 기자였습니다.

4 헤드라인 뉴스

생방송 한국사

조선, 일본과 강화도 조약을 체결하다!

고종이 정권을 잡은 이후 조선은 외교 면에서 흥선 대원군이 집권하던 시절과는 상당히 다른 모습을 보이고 있습니다. 바로 오늘 강화도에서 체결한 조약도 같은 맥락에서 볼 수 있는데요. 김역사 기자, 취재 내용 전해 주시죠.

1875년 9월 강화도에서 운요호가 난리를 치고 사라졌을 때 조선 조정은 당황스러운 한편 몹시 분노했을 겁니다. 그런데 얼마 후 일본은 오히려 조선 때문에 자기 나라의 배가 파손되어 피해를 입었으니 조선으로부터 배상을 받아야 한다는 내용을 전달해 왔어요. 운요호는 단지 물을 얻으려고 했던 것 뿐이라면서요. 게다가 일본은 조선이 회담을 하지 않으면 한성까지 쳐들어 갈 예정이라고 협박까지 했어요.

몇 달 뒤인 1876년 2월, 군인 800여 명을 태운 일본 배 7척이 부산에서부터 강화도까지 바다를 따라 이동했어요. 두 나라의 회담이 강화도에서 열리기로 되어 있었거든요. 회담 장소인 강화도 연무당으로 들어가는 일본인들 중 전통적인 복장을 한 사람은 아무도 없었어요.

복장만 바뀐 게 아니었어요. 일본 대표인 구로다를 선두로 회담장에

조선은 외국과 근대적인 조약을 체결하게 되었습니다.

김역사 기자

전갈

사람을 시켜 말을 전하거나 안부를 물음. 또는 전하는 말이나 안부

강화도 조약

그동안 중국과 조선, 또 조선과 일본이 조약을 맺을 때는 어느 한 쪽이 군주의 나라, 어느 한 쪽은 신하의 나라로서 조약을 맺었어요. 하지만 강화도 조약은 동등한 나라 대 나라의 관계에서 맺은 조약이에요. 그러면 조약의 내용도 두 나라 모두에게 이득이 되는 평등한 조약이었을까요? 아쉽게도 그렇지 못했어요. 일본의 위협적인 분위기 속에서 맺어진 강화도 조약은 조선에게는 불리하고 일본에게는 유리한 내용이었거든요.

들어선 일본인들의 태도 또한 과거 일본인들의 태도가 아니었어요. 이전에 조선을 대하던 공손한 태도는 찾으려야 찾을 수 없었죠. 서양식 군복이나 양복을 갖춰 입은 일본인들은 신발을 신은 채 실내로 들어와 저희들끼리 일본말로 시끄럽게 떠들었지요.

구로다와 마주 앉은 조선인 대표는 신헌이라는 관리였어요. 일본은 미리 작성해 온 조약문을 내밀었어요. 구로다와 신헌은 이야기를 시작했지만 의견의 일치를 보지는 못했어요. 회담이 열릴 때면 일본군이 완전무장을 한 채 회담장 주변에 자리를 잡았고, 바다에서는 일본 배들이 대포를 쏘았어요. 대포를 쏘는 이유는 회담을 축하한다는 의미라면서요. 이런 험악한 분위기 속에서 조선인들은 겁을 먹을 수밖에 없었죠. 조선의 자존심을 지키며 회의를 하던 신헌과 관리들에게 고종의 **전갈**이 내려졌어요.

"시대가 바뀌었으니 조약을 맺으라."

신헌을 비롯한 조선인 관리들은 일본이 준비해 온 조약을 몇 글자만 고쳤을 뿐, 거의 그대로 통과시켰지요. 이로써 15일 넘게 계속되던 회의가 끝나고 조선과 일본 간에 12조로 된 조약이 체결되었어요. 이것이 바로 **강화도 조약**이에요. 정식 이름은 조일 수호 조규라고 해요.

강화도 조약은 조선이 이전에 외국과 맺었던 조약과는 달랐어요. 이전까지 중국과 조선, 또 조선과 일본은 서로 나라 대 나라의 관계에서 조약을 맺지는 않았는데 강화도 조약은 나라 대 나라의 관계에서 맺었거든요. 겉으로 보기에는 평등해 보이지만 실제 내용도 그럴까요?

조약의 주요 내용을 한번 살펴볼게요.

강화도 조약의 주요 내용

제1조 조선국은 자주국이며, 일본국과 평등한 권리를 가진다.
제4조 조선국은 부산 외에 두 곳의 항구를 개항하고 일본인이 와서 통상을 하도록 허가한다.
제7조 일본국 항해자가 조선국 해안을 자유로이 측량하도록 허가한다.
제10조 일본 사람이 조선 항구에 머무르는 동안 죄를 범한 것이 조선 사람에 관계되는 사건일 때에는 일본국 법에 따라 모두 일본 관리가 심판한다.

제1조는 조선을 한 국가로서 대우하겠다는 뜻이 아니에요. 조선의 일에 하나하나 간섭하던 청과 조선의 관계를 떼어 내고 일본이 편하게 조선을 약탈하기 위해 '자주국'이라는 표현을 쓴 거예요. 제4조에서는 일본이 조선의 경제를 **침탈**하려는 의도를 명확히 밝히고 있어요. 일본은 제7조를 이용해 정교한 우리나라 지도를 만들었고, 이 지도를 가지고 후일 조선을 침략할 수 있었죠. 또, 제10조 때문에 훗날 명성 황후를 살해한 일본인들이 조선이 아닌 일본에서 재판을 받고 풀려날 수 있었어요. 이를 **치외법권**이라고 해요.

강화도 조약은 조선이 외국과 맺은 첫 근대적 조약이라는 의미가 있어요. 하지만 불평등한 조약이었고, 근대화에 성공한 일본이 조선을 침략하기 위해 강제로 체결한 조약이라는 사실을 잊어서는 안 됩니다.

침탈
침범하여 빼앗음

치외법권
다른 나라의 영토 안에 있으면서도 그 나라 국내법의 적용을 받지 아니하는 국제법에서의 권리

일본은 어떻게 개항을 하게 되었을까?

1853년 미국

미국 대통령 필모어는 생각에 잠겼어요. 당시 유럽의 여러 나라들은 아시아, 아프리카로 진출해 식민지로 삼고 있었어요. 유럽보다 늦게 산업화에 성공한 미국은 조바심이 났어요. 이러다 식민지 경쟁에서 유럽보다 뒤처져 나라가 발전하지 못하는 것은 아닐까 걱정이 되었거든요.

필모어는 해군 제독인 페리를 불렀어요.

"페리 제독, 우리도 아시아를 향해 나아가야 할 것 같소. 당신의 생각은 어떻소?"

"저도 미국이 세계를 향해 나아가야 한다고 생각합니다. 일단 아시아에서 미국의 힘을 과시하려면 일본을 굴복시켜야 합니다. 태평양을 건너 처음 만나는 나라가 바로 일본이니까요."

미국 대통령 필모어는 일본의 문을 열게 하는 정책을 페리 제독에게 맡겼어요. 페리 제독은 어떻게 하면 효과적으로 일본의 문을 열 수 있을까 고민하기 시작했지요. 또 일본에게 무엇을 요구해야 미국이 가장 유리한 상황이 될지도 생각했어요.

드디어 페리 제독은 어마어마하게 큰 배를 이끌고 태평양을 건너 일본으로 나아갔습니다.

1853년 일본

일본의 해안가에 이양선 4척이 나타났어요. 일본 배보다 훨씬 크고 무시무시한 배였죠. 그것도 일본 정부 턱밑에 해당하는 곳에 나타난 거예요. 당시 이양선을 처음 본 사람은 어부였어요. 어부들은 그렇게 큰 배가 바다 위에 떠 있는 것 자체가 놀라웠어요. 한참을 두려움에 떨던 어부들은 정신을 차리고 재빨리 해안가를 지키는 경비병에게 알렸어요.

소식을 들은 경기병이 어부들을 따라 달려간 곳에는 난생 처음 보는 까맣고 커다란 배가 떠 있었어요. 최신식 배인 증기선에서 내뿜는 검은 연기를 보며 일본인들은 화산과 같다고 생각했어요. 이양선의 등장으로 일본 정부는 발칵 뒤집혔어요. 페리 제독은 개항을 요구했지요. 그러나 일본 정부가 미국과의 조약 체결을 강력히 거부하자 페리 제독은 한 발 물러났어요.

강화도 조약 | 조선이 외국과 맺은 첫 조약

"우리의 배와 기술을 보고, 잘 생각해 보시오. 어쨌든 우리는 다시 올 것이오."

페리 제독은 말을 지켰어요. 다음 해 7척이나 되는 배를 이끌고 다시 나타난 거예요. 일본 내부에서는 미국 군대와 싸우자는 의견도 있었지만 현실성이 없었어요. 당시 일본은 배끼리 맞닿게 한 후 적의 배에 뛰어 올라 싸우는 방식을 취하고 있었는데 미국 배와는 그렇게 싸울 수 없었거든요. 일본 배가 닿기도 전에 무서운 포가 불을 뿜을테고, 그러면 일본 배는 박살이 날 게 뻔하니까요.

일본에서는 나라 문을 더 굳게 닫아야 한다는 사람들과, 살아남으려면 빨리 조약을 체결해야 한다는 사람들로 의견이 나뉘었어요. 결국 미국의 힘에 눌린 일본은 어쩔 수 없이 1854년 3월 '미일 화친 조약'에 서명했어요. 이 조약으로 인해 미국은 최혜국의 지위를 얻었어요. 최혜국 지위란 일본이 어떤 나라와 통상 조약을 맺든, 가장 유리한 대우를 받을 수 있는 권리를 말해요.

강력한 함대를 앞세워 일본을 개항시키고 조약을 체결한 미국, 이 미국을 그대로 본떠서 조선의 문을 열게 만든 일본. 어때요? 미국에 의한 일본의 개항과 일본이 강요한 조선의 개항이 이루어진 분위기가 서로 비슷하지 않나요?

이후 일본은 영국, 네덜란드, 러시아, 프랑스 등과도 조약을 맺었고, 재빨리 서양의 문물을 받아들였어요. 서양에 유학생을 보내 기술을 배워왔고, 항해술, 배를 만드는 기술인 조선술, 땅의 크기를 재는 측량술 등을 익혔어요. 조선이 강화도 조약을 체결한 시기보다 불과 20여 년 앞선 개항이었지만 그 차이는 어마어마했지요. 만약 조선이 더 빨리 개항을 했다면 어땠을까요?

스페셜뉴스 취재 수첩

구로다 VS 신헌, 숨 막히는 외교전

오늘은 일본과 조선이 처음 회담을 여는 날입니다. 원래 조선측은 강화도 해안가의 군사 요지 중 하나인 초지진에서 회담을 갖자고 주장했지만 일본 측은 이를 완전히 무시하고 강화도성 안으로 들어오고 있습니다. 외교적 측면에서 볼 때 몹시 예의 없는 행동인 것 같습니다.

그런데 이게 웬일입니까? 일본 대표인 구로다 뒤로 군인 수백 명이 뒤따르고 있군요. 회담에 참석할 관리들은 모두 머리를 짧게 깎고 서양 모자를 썼으며 양복을 입고 있습니다. 또한 그 뒤를 따르는 군인들도 군복에 모자를 쓰고 있네요. 그리고 끝에 칼을 단 총도 메고 있습니다. 군인들을 보니 회담을 하자는 건지, 총칼로 협박을 하려는 것인지 구분이 안 되는군요.

드디어 회담 장소인 연무당에 두 나라 대표가 들어서고 있습니다. 이제 두 사람의 대화를 실시간으로 생중계해 드리겠습니다.

구로다: 작년에 우리나라 배인 운요호가 지나갈 때 귀국의 포격을 받았습니다. 이것은 이웃과 사귀는 올바른 태도가 아니라 생각합니다. 무슨 까닭으로 포를 쏘았습니까?

신헌: 작년에 왔던 배는 어느 나라 배인지 또 무슨 일로 왔는지 우리나라에 알리지도 않고 배를 대었습니다. 그리고는 곧바로 우리가 방어해야 하는 곳까지 들어왔으니 국방을 책임지는 군사들로서는 포를 쏠 수밖에 없는 상황이었습니다.

구로다: 당시 운요호에는 세 군데에 일본 국기를 달아 놓은 상태였습니다. 그런데 어느 나라인지 몰랐다고 하는 것은 말이 안 됩니다.

신헌: 외교를 담당하는 관리들이야 알 수 있겠지만 한낱 군사가 어찌 외국 국기를 알 수 있겠습니까?

구로다: 우리는 우리 국기의 모양을 미리 귀국에 알렸는데 어째서 국경을 지키는 곳까지 전달이 되지 않은 것입니까?

신헌: 말단 군사들에게까지는 제대로 알려지지 않은 모양이오. 그런데 영종도를 파괴하고 약탈을 한 이유는 무엇입니까?

구로다: …… 당신은 조약을 체결할 수 있는 권한을 가지고 이 자리에 온 것입니까?

신헌: 조선에 그런 법은 없소. 당신은 먼 곳에서 본국의 명을 받아 온 사람이라 그런 힘을 가지고 있는지 모르겠지만 우리는 조약의 내용을 임금에게 알려 임금의 허락을 받아야만 합니다.

강화도 조약 | 조선이 외국과 맺은 첫 조약

그렇다면 이 13개조 조약을 자세히 읽고, 당신이 직접 임금을 만나 아뢰어 주길 바라겠소. 우리는 조선의 지방 중 몇 곳을 골라 문을 열고 서로 무역, 즉 통상을 하기 바랍니다.

조약이라고요? 그리고 통상 조약을 맺자는 것이 무슨 뜻입니까? 지난 날 우리가 언제 통상하지 않은 적이 있었나요? 이해하기 힘든 조약입니다.

심각하게 생각할 필요는 없습니다. 지금 세계 여러 나라에서 흔히 하고 있는 것으로, 일본 또한 여러 나라를 상대로 항구를 열어 통상 조약을 맺었습니다.

조선은 풍족한 나라가 아닙니다. 조선에서 나는 상품이라 해 봐야 곡식과 무명으로 만든 옷감뿐입니다. 금은보화와 같은 사치품은 전혀 나지 않습니다. 이런 상태에서 교역을 해 보았자 일본에도 이로울 것이 없고, 조선은 손해만 볼 것입니다.

시시각각 보고를 받은 조선 조정에서는 결국 판부사 신헌에게 조약을 체결하는 방향으로 진행하라고 했다는군요. 이렇게 해서 체결된 것이 바로 조일 수호 조규, 즉 강화도 조약입니다. 일본이 제시한 13개 조 중 하나를 삭제하고 최종 12개 조의 조약을 맺은 것입니다.

몇 달 뒤 다시 한 번 일본과 조선은 두 개의 조약을 추가로 맺었습니다. 그중 하나는 무역에 관한 협상인 조일 통상 장정인데요. 이 조약에서 가장 중요한 것은 서로 무역을 할 때 관세를 매기지 않는다는 것입니다. 이로 인해 일본 공장에서 만든 값싼 면이 조선에서 저렴한 가격에 팔리게 되어 조선의 면직업이 무너질 위기에 처했습니다. 나머지 하나는 조일 수호 조규 부록입니다. 이 조약을 통해서는 일본 화폐의 유통이 허용되었습니다. 이로써 무거운 엽전보다 가벼운 일본의 은화가 빠르게 퍼지면서 조선의 화폐 제도 또한 흔들릴 전망입니다.

▲ 연무당에서 강화도 조약을 체결하는 모습

 고종훈의 한국사 브리핑

사건 핵심 분석 ▶ 강화도 조약

QR 코드를 찍으면 고종훈 선생님의 강의를 볼 수 있어요.

시대 ▶ 1876년
사건 장소 ▶ 강화도
조선이 일본에게 가장 많이 들은 말 ▶ 어서 문 열어!
연관 검색어 ▶ 개항. 운요호. 일본
백성들의 말말말 ▶ 세상이 어떻게 돌아가는지 모르겠네. 갑자기 이게 무슨 일인지….
역사적 중요도 ▶ ★★★★★
시험 출제 빈도 ▶ 매우 높음

고종이 성인이 되자 흥선 대원군은 정치에서 손을 떼게 되었어요.

고종이 성인이 되고 최익현이 흥선 대원군을 탄핵하는 상소를 올리자 **흥선 대원군은 모든 권력에서 물러나게 되었습니다.** 흥선 대원군이 퇴직하자 조정의 요직은 왕비의 친인척들이 차지하게 되었어요.

운요호가 조선의 강화도 해안에 나타났어요.

고종이 집권할 무렵 일본은 메이지 유신이라는 근대 개혁을 단행하게 됩니다. 그리고 1875년 운요호라는 군함을 조선에 파견했습니다. **운요호는 저항하는 조선의 백성을 상대로 강화도를 공격한 뒤 일본으로 돌아갔어요.** 이를 두고 운요호 사건이라 해요.

일본은 운요호 사건을 핑계로 강화도에 다시 나타났어요.

일본은 운요호 사건과 관련된 협상을 요구했어요. 그 결과 **강화도 연무당에서 강화도 조약이 체결되었습니다. 불평등 조약이었지만 조선은 받아들여야 했어요.** 이것이 조선이 외국과 맺은 최초의 근대적 조약이에요.

사건 관계 분석

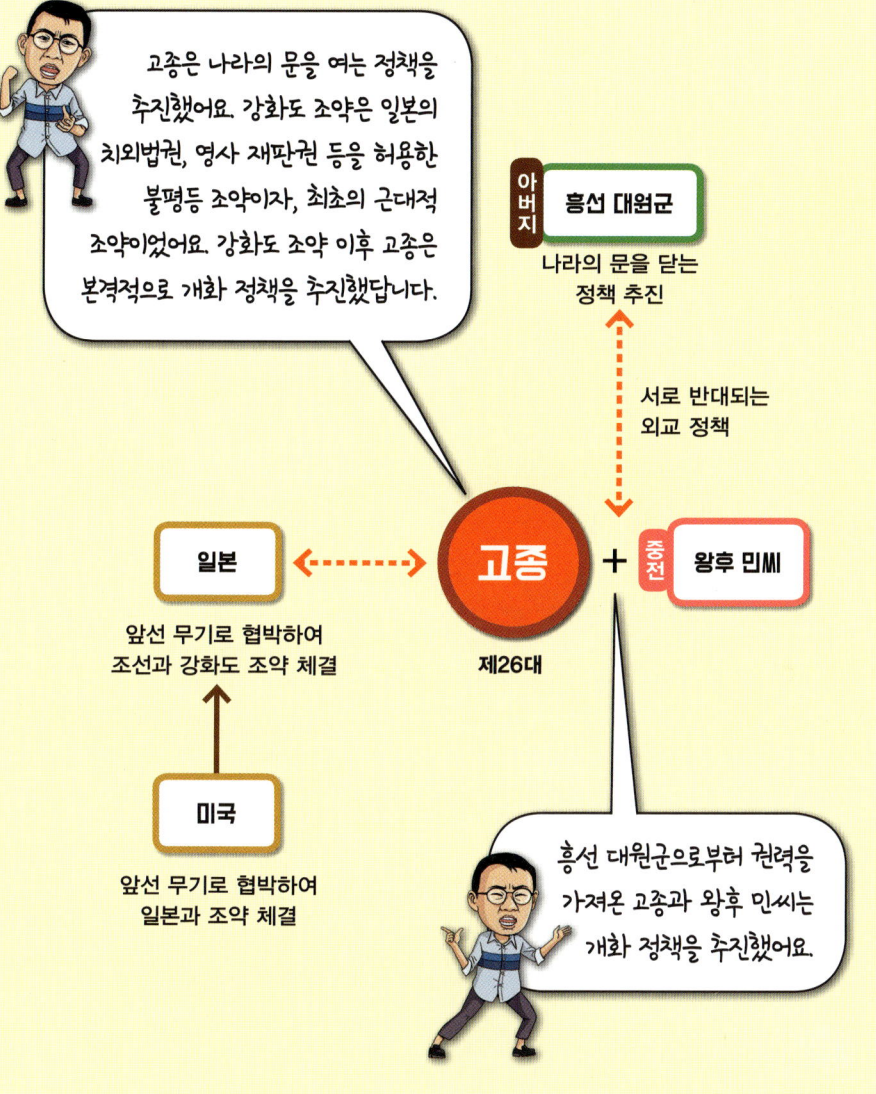

03 개화 정책의 실시

서양의 기술 문명을 받아들이자!

타임라인 뉴스

1876 강화도 조약을 맺다 / 일본에 수신사를 파견하다

1880 2차 수신사를 일본으로 보내다

1881 일본에 대규모 조사 시찰단을 보내다 / 청에 영선사를 보내다

1883 미국에 보빙사를 보내다

1 인물 초대석

생방송 한국사

서양의 발전된 문화를 배우자!

지금 조정의 관료인 김홍집 씨가 고종과 단독으로 만나 개화 정책과 관련된 회의를 한다고 합니다. 김홍집 씨는 얼마 전 일본에 다녀왔는데요. 과연 고종에게 어떤 보고를 하고, 어떤 내용의 회의를 했을까요? 고종에게 직접 자세한 이야기를 들어보겠습니다.

고종

안녕하시오, 고종이외다. 우리 조선이 **개화** 정책을 제대로 추진하려면 무엇보다 개화가 무엇인지 눈으로 직접 보고 배우는 것이 중요하지 않겠소? 그래서 1876년, 즉 강화도 조약이 체결된 해에 김기수를 대표로 하는 수신사를 일본에 보내 개화 정책을 편 일본의 모습을 보고 오라고 하였소.

김기수는 부산에서 증기로 움직이는 일본 배를 타고 갔는데 사람이 노를 젓는 배보다 그 속도가 매우 빨라 놀랐다고 합니다. 일본 요코하마에 도착해서는 기차를 탔는데 그 또한 속도가 너무 빨라 멀미를 할 정도였다고 했소. 수신사 일행은 두 달 동안 일본에 머물며 일본이 자랑하는 공장과 군사 시설, 병원 등을 둘러보았소. 그런데 돌이켜보면 김기수를 대표로 한 1차 수신사는 안타까운 점이 있소.

개화
사람의 지혜가 열려 새로운 사상, 문물, 제도 따위를 가지게 됨

무엇이 그렇게 안타까우셨나요?

조선은 내부적으로 아직 개화에 대한 생각이 정리되지 않은 상태였기 때문에 김기수가 다녀와 올린 보고서에는 긍정적인 내용이 많지 않았다오. 예를 들면 아래 글처럼 말이오.

> 그들이 추구하는 것은 화려한 겉치레에 불과합니다. 우리 조선의 정치만 안정된다면 그들은 다시 복종할 것입니다. 일본의 부국강병 정책을 우리가 따라해서는 안 될 것입니다.

돌이켜 보건대 당시 세계적 흐름이 부국강병인데 그 중요한 부분을 너무 쉽게 무시한 것이 못내 아쉬울 뿐이오. 개화 정책을 추진하기에는 아직 신하들의 의식이 깨어나지 못했던 거라오. 그만큼 내가 개화 정책을 추진하는 데 어려움이 많았다오. 하지만 김기수 일행이 돌아와 우리에게 보고한 것들 중에는 흥미로운 것들이 많아 큰 도움이 되었소.

다시 수신사를 보내지는 않으셨는지요?

4년 뒤인 1880년, 이번에는 김홍집을 대표로 2차 수신사를 일본으로 보냈소. 이때는 단순히 일본의 모습을 보고 오는 것만이 목적은 아니었소. 당시 조선은 아무런 준비 없이 체결된 강화도 조약의 무관세 조항 때문에 물가가 크게 올라 피해가 컸소. 이 문제도 해결할 겸 일본 사정도 알아볼 겸 수신사를 또 파견한 것이오.

김홍집 또한 일본의 발전된 모습에 많이 놀랐다고 했소. 김홍집은 일

본의 속마음을 알 수 없으니 우리도 일본처럼 부강해지는 방법밖에 없다며 개화 정책을 추진하자고 했지요.

김홍집 씨의 의견을 정책에 반영하셨습니까?

반영하다마다요. 당장 김홍집을 따르는 개화파 관리들을 중심으로 개화 정책을 주도할 관청인 통리기무아문을 만들고 나라의 국방을 튼튼히 하기 위해 신식 군대인 별기군도 만들었다오.

그럼 2차 수신사 뒤에는 더 이상 관리를 파견하지 않으셨나요?

아니오. 막상 개화 정책을 추진하려니 도통 아는 게 없어 답답하더이다. 그래서 다음 해인 1881년 4월, 일본에 대규모 조사 시찰단을 보냈소. 이때는 사람마다 전문 분야를 정해 주어 체계적인 정보를 수집하려 애썼소. 당시 척사파가 개화 정책을 심하게 반대하고 있어서 몇 명씩 짝을 지어 암행어사로 위장하고 부산에 간 후 그곳에서 모여 일본으로 가야만 했소.

조사 시찰단이 보고한 내용이 궁금한데요.

조사 시찰단은 4개월 정도 일본에 머물면서 각자 맡은 분야의 관계자들을 만나 이전과는 달리 적극적인 자세로 질문도 하고 배우기까지 했다오. 이들이 만난 사람 중에는 일본의 개화 정책을 추진했던 이토 히로부미도 있었소.

동도서기론

서양의 기술은 받아들이되 중화 문명의 가치는 지키자는 입장을 말해요. 당시 청에서도 이러한 움직임이 있었는데, 이를 양무운동이라고 해요. 양무운동의 중심 세력들은 중국의 정신을 중심에 두고 서양의 기술만 받아들이자는 '중체서용론'을 주장했는데, 동도서기론과 비슷한 맥락이에요.

외채

외국에서 빌려온 돈

영선사

조선 고종 때 신문화(新文化)를 받아들이기 위하여 청의 톈진(天津)에 파견한 사절단이에요. 김윤식을 대표로 한 청년 학도 69명은 청에서 신식 무기의 제조와 사용법을 배우고 돌아왔어요.

조사 시찰단은 조선의 근본적인 것을 지키고 서양의 기술만을 받아들이자는 **동도서기론**의 입장이었소. 일본이 부강해진 것은 놀랍지만 **외채**가 많고 물가가 높은 것은 걱정스럽다고 했지.

조사 시찰단의 보고 내용은 이후의 개화 정책에 큰 도움이 되었습니까?

그렇소. 두 차례의 수신사 파견과 조사 시찰단의 보고 내용으로 조선도 개화의 방향을 잡을 수 있었소. 또한, 조사 시찰단원으로 갔던 사람들 대부분이 통리기무아문에서 일하게 되면서 개화 정책은 속도를 낼 수 있었다오.

당시 일본에만 관리들을 파견하셨던 겁니까?

일본에만 관리를 파견한 건 아니라오. 청에도 사람을 보냈지요. 당시 청은 서양 세력의 등쌀에 숨도 못 쉬고 있는 상황이긴 했지만 개화를 위한 나름의 노력이 진행되고 있었다오. 그래서 1881년 9월에는 청에 **영선사**를 파견했소. 이들은 청의 톈진에 있는 무기 공장에서 약 9개월 동안 공부를 하고 돌아와 나중에 조선에 기기국, 기기창 등의 무기 관련 기구를 만드는 데 큰 공을 세웠지요. 후일 미국과 통상 조약을 체결한 후에는 '보빙사'라고 하는 사절단을 보내 미국의 모습도 관찰하게 하였다오.

지금까지 고종으로부터 조선의 개화 정책에 대해 깊이 있는 설명을 들어보았습니다. 긴 시간 동안 감사했습니다.

개화 정책의 실시 | 서양의 기술 문명을 받아들이자!

개화파의 아버지 박규수와 그의 제자들

개화 정책이 본격적으로 실행되자 지금껏 별다른 말을 하지 않고 있던 개화파 세력들이 삼삼오오 모여 세력을 형성하기 시작했어요. 이들 개화파의 스승은 박규수. 조선 후기 실학자이자 『열하일기』를 쓴 연암 박지원의 손자로, 제너럴 셔먼호 사건 때 화공(火攻)을 펼쳐 미군을 물리친 사람이 바로 박규수예요. 박규수 외에도 통역관으로 청을 드나들던 오경석, 유대치 등이 개화파의 선두 주자라고 할 수 있어요. 두 번에 걸쳐 청에 다녀온 박규수는 나라의 문을 열어야 한다고 공개적으로 주장하기 시작했어요.

당시 박규수의 집은 경복궁과 창덕궁 사이에 위치한 북촌에 있었어요. 박규수는 자신의 집 사랑방에 젊은이들을 모아 놓고 개화사상을 가르쳤지요. 다음은 그가 아끼던 제자들입니다.

가난한 시골 양반의 아들이었지만 세도 가문인 안동 김씨 김병기의 양자가 되어 명문가 자제들과 어울리게 되었습니다. 문과에도 장원 급제하여 뛰어난 학식을 자랑하였습니다.

김옥균보다 10살이 어린 박영효는 박규수의 추천으로 철종의 딸과 결혼하였습니다. 이후 왕실의 총애를 받았습니다. 박규수로부터 개화사상을 공부했으며 김옥균과도 친분을 맺어 친하게 지냈습니다.

서씨 명문가 출신으로 아버지와 할아버지가 고위 관리를 지냈습니다. 부인이 안동 김씨였기 때문에 일찍부터 김옥균과 가깝게 지내며 개화사상을 공부했습니다.

당시 영의정을 지낸 홍순목의 아들로 과거에 급제한 후 유력한 가문 덕에 관리로 빠르게 성장하였습니다. 조사 시찰단으로 일본에 다녀오기도 했으며 통리기무아문에서는 군사 업무를 맡아 보았습니다.

박규수의 사랑방은 작은 개화파 세상이라고 해도 과언이 아니었어요. 이들은 박규수로부터 연암 박지원의 선구적인 실학 사상을 배웠어요. 또, 오경석과 유대치가 청으로부터 가져온 물건들을 보며 더 넓은 세상과 교류하고픈 마음을 키워 나갔답니다.

고종훈의 한국사 브리핑

사건 핵심 분석 ▶ 개화 정책의 실시

QR 코드를 찍으면 고종훈 선생님의 강의를 볼 수 있어요.

시대 ▶ 1880년대
주요 인물 ▶ 흥선 대원군의 아들인 고종
고종의 구호 ▶ 동양의 정신을 서양의 그릇에 담자!
조선의 해외 연수국(國) ▶ 일본과 청
개화에 대한 해외 반응 ▶ 진작 그랬어야지.
수신사들이 싫어하는 속담 ▶ 우물 안 개구리
역사적 중요도 ▶ ★★★★☆
시험 출제 빈도 ▶ 높음

강화도 조약 이후 조선은 일본에 사절단을 보냈어요.

조선에서 일본에 보낸 사절단을 수신사라고 해요. 수신사 활동 후 조선의 개화 정책은 본격적으로 진행되었어요. 그리고 1880년 대 말에는 **김홍집의 건의로 개화정책을 총괄하는 통리기무아문을 설치하였답니다.**

조선 정부는 일본에 조사 시찰단을 파견했어요.

개화 전담 부서가 생겼지만 조선은 더 전문적인 지식을 배우기 원했어요. 그래서 **조선 정부는 조사 시찰단을 일본에 파견했어요.** 조사 시찰단은 일본에서 배워 온 지식을 조선에 적극 활용했고. 이 덕분에 조선은 많은 발전을 할 수 있었답니다.

조선은 청에도 영선사를 파견했어요.

조정의 고위 관료 김윤식은 기술자와 유학생을 데리고 청에 갔어요. 이들은 톈진의 기기국를 견학하며 근대 무기 제조 기술과 군사 훈련법을 배웠어요. 그리고 조선으로 돌아와 **최초의 근대식 무기 공장을 설립했어요.**

04 위정척사파의 형성

우리의 정신문화를 지키자!

타임라인 뉴스

1871 흥선 대원군이 전국에 척화비를 세우다

1873 최익현이 상소를 올려 흥선 대원군을 공격하다

1876 강화도 조약을 맺다 유생들이 이를 반대하다

1880 위정척사파들이 『조선책략』을 비판하다

1881 영남 만인소 사건이 일어나다

1 헤드라인 뉴스

생방송한국사

서양의 것을 막고 우리의 것을 지키자!

고종의 개화 정책에 반대하는 유생들이 상소를 올렸다고 합니다. 심지어 만 명이나 되는 양반 유생들이 이 상소 운동에 참여했다고 하는데요. 이 상소문을 읽은 고종의 심정은 어땠을까요? 오늘은 조선의 위정척사파에 대해 알아보겠습니다. 김역사 기자, 전해 주시죠.

먼저 위정척사파의 뜻을 설명해 드리겠습니다.

김역사 기자

'위정(衛正)'이란 바른 것을 지킨다는 뜻이고, '척사(斥邪)'란 사악한 것을 배척한다는 것을 의미합니다. 여기서 바른 것은 유학, 조선의 얼 등을 말하고 사악한 것이란 서양이나 일본의 문물이나 사상을 말하지요. 이런 주장을 하는 사람들을 위정척사파라 해요. 주로 양반 유생들이었지요. 이들은 서양과의 통상 수교를 거부하며 흥선 대원군과 뜻을 같이했어요.

위정척사파가 본격적으로 세력을 키운 시기는 강화도 조약을 체결하던 무렵이었어요. 대표적인 인물은 최익현이라는 사람이에요. 당시 흥선 대원군의 서원 철폐와 경복궁 중건을 위한 무리한 경제 정책을 비판하며 고종과 왕후 민씨에게 힘을 실어주었던 사람도 다름 아닌 최익현이었어요. 최익현은 강화도 조약을 체결하기 위한 회의가 이어지자 상소를 올려 조선이 왜 개항해서는 안 되는지 다섯 가지 이유를 들어 설명했답니다. 다음이 바로 그 이유예요.

> 1. 이 조약은 일본의 강요에 따른 것이고, 그들의 욕심을 이길 수는 없을 것입니다.
> 2. 조약에 따르면 일본과 물자 교역을 하게 될 텐데 일본의 상품은 공업품으로 끝없이 생산되는 것이지만 우리의 것은 땅에서 나온 쌀이나 손으로 직접 짜는 면포로 생산에 한계가 있으니 우리의 물자가 금방 바닥날 것입니다.
> 3. 일본은 서양의 영향을 받았으니 서양의 사악한 기운을 이용해 조선을 망쳐 놓을 것입니다.
> 4. 일본인이 드나들면 조선의 정신문화가 땅에 떨어져 안정될 수 없을 것입니다.
> 5. 일본은 욕심으로 가득 찬 짐승과 같으므로, 인간인 우리가 짐승인 일본인과 함께 지낼 수는 없습니다.

최익현의 상소에 많은 유학자들이 지지를 보냈어요. 그리고 최익현의 주장에 찬성하는 유생들의 상소가 빗발쳤지요. 그럼에도 강화도 조약은 체결되었고, 양반 유생들의 실망은 클 수밖에 없었어요.

고종이 개화 정책을 실시하자 위정척사파는 속이 부글부글 끓었어요. 이러한 가운데 수신사로 일본에 갔던 김홍집이 가져온 책 『조선책략』은 위정척사파를 똘똘 뭉치게 했어요.

『조선책략』은 조선이 취해야 할 외교 관계에 관해 말한 책으로, 조선

『조선책략』

청의 외교관인 황준헌이 쓴 책으로, 2차 수신사로 일본에 간 김홍집이 가져왔어요. 러시아의 남하에 대비하기 위해 조선이 미국과 수교해야 한다는 내용을 담고 있어요.

▲ 『조선책략』

영남
조령(鳥嶺) 남쪽이라는 뜻에서, 경상남도와 경상북도를 이르는 말

이 서양과 수교를 해야 한다는 내용을 담고 있었지요. 고종은 이 책을 베껴 쓰도록 해서 유학자들에게 나누어 주었어요. 이 책을 읽은 위정척사파들은 분개했어요. 일본과 조약을 체결한 것도 기가 막힐 일인데, 서양과도 외교를 맺어야 한다니요. 고종 앞에는 개화가 나라를 망칠 것이라고 주장하는 상소가 산처럼 쌓였어요. 모두 위정척사파가 올린 상소였죠. 이들은 경복궁 앞에서 흰옷을 입고 엎드려 개화에 반대한다고 목청껏 외쳤지요.

영남 지역의 유학자들은 각자 상소를 올리기보다는 하나의 상소에 여러 사람이 같이 의견을 적기로 했어요. 그런데, 놀라지 마세요. 무려 1만 명이 넘는 유학자가 상소에 이름을 올린 거예요. 그래서 이 상소를 영남만인소라고 부르지요.

하지만 이미 개화 정책을 추진해야 한다고 결심한 고종에게 위정척사파의 주장은 아무런 소용이 없었어요. 고종은 개화가 필요하다며 유생

들을 달랬지만 유생들 또한 주장을 꺾지 않았어요.

그런데 이때 역모 사건이 일어났어요. 영남 유생 중 몇몇이 흥선 대원군의 서자, 그러니까 고종의 배다른 형인 이재선을 왕으로 세우려 한 거예요. 화가 난 고종은 영남 유생 30여 명을 사형시키고 이재선도 귀양을 보낸 후 죽였어요. 상황이 이렇게 되자 위정척사파는 뒤로 물러설 수밖에 없었지요.

당시 백성들도 감정적으로는 위정척사파에 동조했어요. 왜냐하면 개화 정책을 추진하기 위해 필요한 돈을 모두 백성의 세금으로 충당하고 있었거든요. 일본이나 청에 사람들을 보낼 때에도, 통리기무아문을 만들어 일을 할 때에도 돈이 필요했어요. 그런데 정부는 이 돈을 양반들이 아니라 가뜩이나 고생하고 있는 백성들에게서 걷은 거예요.

시청자 여러분들은 위정척사파를 어떻게 생각하시나요? 국제 정세를 파악하지 못한 어리석은 사람들이라고 생각하시나요?

위정척사파들은 개화를 반대했지만 그 또한 나라를 진심으로 사랑하는 마음에서 나왔다는 것만은 인정해야 할 거예요. 실제로 최익현이 걱정했던 것처럼 우리나라는 준비되지 않은 상태에서 개항을 하여 경제가 파탄나고 결국 일본의 **식민지**로 전락하고 말았으니까요.

한편, 조선의 외교권이 일본의 손아귀에 넘어간 후 위정척사파의 정신은 목숨을 건 **의병** 투쟁으로 이어진답니다.

개항에 반대하며 상소를 올렸던 최익현도 의병 투쟁을 벌였지요. 그는 죽는 날까지 세수할 때 고개를 숙이지 않았다고 해요. 일본 사람들에게 고개를 숙이지 않겠다는 굳은 결심의 표현이었답니다.

식민지
정치적·경제적으로 다른 나라에 예속되어 국가로서의 주권을 상실한 나라를 말해요. 경제적으로는 식민지 본국에 대한 원료 공급지, 상품 시장, 자본 수출지의 기능을 하며, 정치적으로는 종속국이 된답니다.

의병
외적의 침입을 물리치기 위하여 백성들이 자발적으로 조직한 군대. 또는 그 군대의 병사

조선을 발칵 뒤집어 놓은 책, 『조선책략』

김역사 기자

오늘은 국내외에서 크게 유행하고 있는 책을 한 권 소개하려고 합니다. 출판계를 뒤흔든 화제의 신간, 『조선책략』인데요. 이 책의 자세한 내용과 이 책이 조선 사회에 미친 영향에 대해 키워드를 통해 자세히 알아보겠습니다.

▲ 『조선책략』

황준헌 『조선책략』의 저자인 황준헌은 일본에 있던 청의 외교관이었어요. 그는 2차 수신사의 대표로 간 김홍집을 만나 이 책을 주었지요. 황준헌은 이 책에 조선이 취해야 할 외교 정책에 대해 자신의 의견을 자세히 적어 놓았어요. 여기서 황준헌이 중국인이라는 점이 중요해요. 결국 『조선책략』은 조선을 걱정하고 위하는 마음이 담긴 책이라기보다는 궁극적으로 중국 이익 추구를 목적으로 쓴 책인거예요.

친청 '친청(親淸)'은 청과 친하게 지내야 한다는 의미예요. 황준헌은 조선이 아시아에서 중요한 위치이며, 따라서 조선이 위태로우면 아시아 전체가 흔들릴 수도 있다고 했지요. 특히 러시아를 경계하라고 했어요. 추운 기후 때문에 대부분의 항구가 겨울에 얼어버리는 러시아가 얼지 않는 항구를 찾아 세력을 넓히려고 결심하면 반드시 조선부터 공격할 것이라고 했어요. 그래서 청과의 관계를 돈독히 해야 한다고 했지요. 그는 러시아를 견제할 수 있는 나라는 청밖에 없다고 주장했어요. 또한 청이 가장 사랑하는 나라는 조선이니 반드시 친해야 한다고 한 거예요.

결일 '결일(結日)'이란 일본과 수교를 맺어야 한다는 뜻이에요. 조선 입장에서 청을 제외하고 가장 가까운 나라는 일본뿐이니 서로 의지해야 한다고 했어요.

연미 '연미(聯美)'란 미국과 이어져야 한다는 의미예요. 조선의 동해에서 곧장 가면 미국이 있는데, 미국의 부강함은 유럽에 견주어 뒤처지지 않지만 약소국을 동정하는 마음은 특별하다고 했어요. 게다가 계속 사신을 보내 조선과 외교를 맺으려 하고 있으니 더욱 기회가 좋다고 했지요.

청의 의도 당시 청은 일본을 만만하게 생각했어요. 하지만 러시아는 청에게 큰 골칫거리였어요. 가뜩이나 서양 세력들 때문에 정신이 없는데 러시아까지 밀고 내려오려고 하니 걱정이 이만저만이 아니었지요. 그래서 중국은 러시아를 견제할 새로운 세력이 필요했어요. 그게 바로 미국이었던 거예요. 미국을 조선에 끌어들여 자국을 이롭게 하려는 청의 의도가 엿보이는 대목이지요.

조선의 유생 조선의 유생들은 『조선책략』을 읽고 어이가 없었어요. 신미양요 당시 우리 백성을 죽였던 짐승과도 같은 미국과 외교 관계를 맺으라니요. "러시아는 그동안 조선에 한 번도 해를 끼친 적이 없습니다. 일어나지도 않은 일을 들먹거리며 서양 짐승의 나라와 조약을 맺어야 한다는 것은 이해할 수 없는 일입니다. 더구나 미국은 크리스트교의 포교를 요구하고 있으니 절대 용납할 수 없습니다."라며 유생들은 『조선책략』의 내용에 반대했답니다.

고종훈의 한국사 브리핑

사건 핵심 분석 ▶ 위정척사파의 형성
QR 코드를 찍으면 고종훈 선생님의 강의를 볼 수 있어요.

시대 ▶ 1880년대
사건의 발단 ▶ 강화도 조약
위정척사파의 좌우명 ▶ 우리 것이 최고야!
위정척사파가 존경하는 인물 ▶ 흥선 대원군
위정척사파가 싫어하는 인물 ▶ 개화를 주장하는 사람
위정척사파가 좋아하는 사자성어 ▶ 신토불이
역사적 중요도 ▶ ★★★☆☆
시험 출제 빈도 ▶ 보통

위정척사 운동은 우리 것을 지키고 서양의 것을 배격하자는 운동이에요.

위정척사 운동은 강화도 조약 이후, 지방의 유학자들이 일으켰어요. 대표적인 유학자인 **최익현**은 일본과 수교를 해서는 절대 안 된다는 상소를 올렸습니다.

일본에 수신사로 다녀온 김홍집이 『조선책략』을 가져왔어요.

2차 수신사인 김홍집은 1880년에 일본에 다녀왔어요. 김홍집은 청나라 외교관이었던 황준헌에게 『조선책략』이라는 책을 받아 왔어요. 『조선책략』은 중국, 일본, 미국과 친하게 지내야 된다는 내용을 담고 있었어요.

지방 유생들은 『조선책략』의 내용을 비판했습니다.

영남 지방의 유생 1만여 명은 상소를 올려 서양 세력과의 교류를 반대했어요. 이를 영남 만인소라고 해요. 후에 **위정척사 운동은 항일 의병 운동으로 발전했어요**. 위정척사파의 애국 정신을 사상적·정신적으로 계승한 것이죠.

05 임오군란

개화에 대한 반발

시대 1882년

타임라인 뉴스

1873 최익현의 상소로 흥선대원군이 권력을 내려놓다

1876 조선과 일본 사이에 강화도 조약이 체결되다

1881 신식 군대인 별기군이 설치되다

1882 별기군과의 차별과 급료 문제로 구식 군대가 난을 일으키다

1 인물 초대석

생방송 한국사

구식 군인들, 배고픔에 지쳐 난을 일으키다!

지금 한성 일대 여기저기서 불이 치솟고 비명 소리가 사방을 덮고 있습니다. 구식 군인들이 난을 일으켰다고 하는데요. 이 뉴스를 시청하고 있는 한성 백성들께서는 바깥 출입을 자제하시기 바랍니다. 그런데 군인들이 왜 난을 일으켰을까요? 구식 군인 한 분을 모셨습니다.

최강군

먼저 구식 군인들이 난을 일으키게 된 배경을 말씀드리죠. 고종과 왕후 민씨가 개화 정책을 추진하면서 별기군이란 신식 군대를 만든 사실은 알고 계시죠? 그 군대는 대우가 좋았어요. 급료도 제때 나오고, 군복도 좋은 것을 주었죠. 일본 교관을 불러서 훈련도 멋지게 하더라고요. 그런데 우리 구식 군인들은 아예 신경을 안 썼어요. 정말 서운했어요.

조선 조정이 별기군과 구식 군인을 차별 대우했다는 말씀이신가요?

바로 그거예요. 급료를 제때제때 주지 않았다는 게 가장 큰 문제였죠. 급료도 쥐꼬리만 한데 그것마저 밀리니 정말 살기 힘들더라고요. 제 경우 아내가 밭에서 농사를 지은 농작물을 시장에 내다 판 돈으로 겨우겨우 살고 있었어요. 자식들 볼 낯이 없더군요.

임오군란 | 개화에 대한 반발

도대체 얼마나 급료가 밀렸길래 난까지 일으키신 건가요?

놀라지 마세요. 자그마치 13개월 동안이나 받지 못했다니까요. 그런데 1882년 6월 5일, 아 글쎄, 급료를 주겠다지 뭡니까? 비록 한 달 치이긴 하지만 뛸 듯이 기뻤어요. 우리는 **선혜청** 도봉소 앞으로 달려갔지요. 이미 소식을 듣고 온 사람들이 줄을 쫙 섰더라고요. 저도 뒤에 얼른 줄을 섰어요. 그런데 앞에서 왁자지껄 소리가 나더니 몇몇 선배들이 화를 내는 거예요.

> **선혜청**
> 조선 시대에 세금의 출납을 맡아보던 관아

급료를 받는 데 왜 화를 냈지요?

우리는 급료를 쌀로 받았는데요. 쌀자루를 열어 보니 하얀 쌀이 들어 있어야 할 자루에 모래와 겨가 섞여 있는 거예요. 기자 양반 같으면 화가 안 나겠어요? 거짓말 안 보태고 절반 이상이 모래였다니까요! 우리 구식 군인은 사람이 아니니 모래나 먹고 살라는 말입니까, 뭡니까?

그렇잖아도 선혜청 책임자인 민겸호가 우리 급료는 주지 않고, 그 돈을 빼돌려 자신의 재산 늘리기에 바쁘다는 소문이 돌아 우리 모두 벼르고 있었거든요. 그러니 불난 집에 부채질하는 거나 마찬가지였죠.

세상에! 구식 군인들이 화를 낼 만하네요!

기자님 보기에도 그렇죠? 신식 군대인 별기군은 꼬박꼬박 급료를 받는데, 우리는 13개월이나 밀렸잖아요. 얼마나 억울해요. 참다 못한 몇몇이 급료를 나눠 주는 사람을 두들겨 팼어요. 그럼 우리의 억울함을 알게 된 윗분들이 알아서 잘 해결해 줄 거라 기대한 거죠. 그런데 선혜청 책임자인 민겸호는 오히려 관리를 때린 주동자들을 체포하는 게 아니겠어요? 얼마 후에는 그 주동자들이 사형에 처해질 것이라는 소문도 돌았어요. 정말 무서워서 손이 다 덜덜 떨리더라고요.

그래서 구식 군인들이 난을 일으켰나요? 임오년에 군인들이 일으킨 난리라 하여 임오군란이라 부르는데요.

우리도 처음부터 그러려던 건 아니에요. 일단 회의를 해서 동료들을 풀어달라고 했어요. 하지만 조정은 우리 말을 듣지도 않더라고요. 이렇게 되니 우리가 굶어서 죽나 민겸호 같은 비리 관리들을 없애고 잡혀서 죽나 마찬가지라는 생각이 들더군요. 결국 민겸호의 집을 부수고 불을 질렀어요. 그리고 흥선 대원군을 찾아가 도움을 청했어요. 민씨 세력에 맞서 우리 편을 들어줄 사람은 흥선 대원군밖에 없다고 생각했거든요. 흥선 대원군도 넌지시 우리에게 힘을 보태주더군요.

현재 임금인 고종의 아버지 흥선 대원군이 힘을 보태 주었다고요?

네, 흥선 대원군은 민씨 세력과 대립하고 있었거든요. 당시 민씨 집안은 개화 정책을 추구하는 고종과 왕후 민씨의 강력한 후원자 노릇을 했어요. 그러다 보니 민씨 성을 가진 사람들은 아무리 무식해도 개화 정부에서 한 자리씩 꿰차고 앉을 정도였거든요. 얼마 전에는 김씨와 조씨가 세도 정치로 나라를 망쳐 놓더니 이제는 민씨가 온갖 비리로 세상을 망치고 있다니까요! 그래서 우리는 감옥에 갇힌 동료들과 다른 죄인들을 죄다 풀어 주었어요. 그저 민씨 집안에게 밉보여 억울하게 갇힌 사람들이 많았거든요.

구식 군인들이 많이 흥분된 상태였을 것 같은데 난은 어떻게 전개되었나요?

우리는 뜻하지 않게 많은 백성들의 지지를 받게 되었어요. 당시 백성들 또한 개화 정책을 위한 세금 때문에 허리가 휠 지경이었거든요. 큰 세력이 된 우리는 이 모든 게 다 일본 때문이라는 생각에 별기군을 가르치는 일본인 **교관**을 찾아가 살해하고 일본인들도 좀 죽였어요. 궁궐까지 들어가 나쁜 관리들을 보이는 대로 죽였어요. 민겸호도 이때 죽였죠.

교관
군사 교육 및 훈련을 맡아보는 군인

우리의 목표는 왕후 민씨였어요. 나라 꼴이 이렇게 된 원인은 개화 정책을 부르짖은 왕후 민씨와 온갖 비리를 저지르는 민씨 집안이라고 생각했으니까요. 하지만 우리는 왕후 민씨의 얼굴을 모르잖아요. 나중에 알고 보니 왕후 민씨는 궁녀 복장으로 변장을 하고 우리 경비를 뚫고 도망을 갔더라고요.

개화파를 신뢰하지 못하는 우리는 흥선 대원군을 다시 권력의 중심에 세웠어요. 우리 세력에 놀란 고종도 '이제부터 모든 일은 흥선 대원군에게 물어서 결정하라.'고 말했지요.

신분제 사회에서 왕비까지 죽이려 했다니 구식 군인들이 목숨을 내놓을 만큼 절박한 상황이었다는 걸 알 수 있네요. 이상 임오군란에 참여했던 최강군 씨와의 인터뷰를 마치겠습니다.

2 헤드라인 뉴스

임오군란 후 커지는 청의 내정 간섭

임오군란으로 흥선 대원군이 다시 권력의 핵심으로 등장하였습니다. 과연 고종과 왕후 민씨가 추진하던 개화 정책은 여기서 끝나는 걸까요? 흥선 대원군은 구식 군인이 안겨 준 권력을 어떻게 사용할까요? 김역사 기자가 자세한 내용을 전해 드립니다.

지금 임오군란으로 창덕궁은 여기저기 어지러운 모습입니다.

김역사 기자

성난 구식 군대와 백성들이 궁궐로 들이닥치자 왕후 민씨는 목숨을 **보전**하기 위해 얼른 궁녀 복장으로 갈아입고 궁을 빠져나갔습니다. 궁궐을 쳐들어온 구식 군인들은 개화 정책을 **용납**할 수 없다고 말했어요. 그리고 외국과의 통상 수교를 반대하던 흥선 대원군에게 정권을 맡겼지요. 흥선 대원군이 모든 것을 예전처럼 되돌려 놓을 것이라고 믿었죠.

백성들도 구식 군인들과 뜻을 같이 했어요. 개항 이후 물가가 치솟아 백성들의 생활이 매우 어려워졌는데 백성들은 그 이유가 개화 정책에 돈을 쏟아붓고 있는 왕후 민씨 때문이라고 생각했어요. 게다가 새롭게 생겨난 정부의 주요 자리는 모두 민씨들이 차지하니 사람들은 민씨 집안을 위해 개화 정책을 밀어붙이고 있다고 생각한 거예요.

다시 정권을 잡은 흥선 대원군은 왕후 민씨가 임오군란이 벌어진 혼

임오군란 | 개화에 대한 반발

란한 틈에 죽었다고 거짓으로 발표해 버렸어요. 심지어 장례까지 다 치렀지요. 흥선 대원군은 권력욕이 강한 며느리가 정치적으로 결코 돌아올 수 없도록 상황을 만든 거예요. 한편으로는 이렇게라도 해야 성난 백성들의 마음을 진정시킬 수 있다고 생각한 듯해요.

흥선 대원군은 구식 군인들에게 밀린 급료를 주어 그들을 달랬고, 부패한 민씨 집안 사람들을 모조리 관직에서 내쫓았지요. 그리고 고종이 추진하던 개화 정책을 모두 멈추게 했어요.

그때 일본이 재빠르게 나타나 보상을 요구해 왔어요. 임오군란으로 일본 사람들이 많이 죽고 일본 공사관이 불에 타는 등의 피해를 입었다며 어서 빨리 보상을 하라는 것이었어요.

한편, 왕후 민씨가 죽지 않았다는 것을 안 고종은 비밀리에 왕후 민씨와 연락을 했어요. 결국 둘은 이 상황을 해결하고 다시 권력을 되찾기 위해 몰래 청에 도움을 요청했어요. 강화도 조약 이후 조선 안에서 일본 세력이 커지는 것이 내심 불만이었던 청에게는 반가운 소식이었죠. 청은 얼씨구나 하고 조선에 군대를 보냈지요.

청 군함이 수천 명의 군인을 싣고 인천항에 들어왔다는 소식을 들은 흥선 대원군은 청을 돌려보내려고 인천에 갔어요. 그런데 청 군대는 회담을 하기 위해 간 흥선 대원군을 인질로 잡아 청으로 보내 버렸어요. 청의 이런 행동은 아주 무례한 것이었어요. 이 소식을 들은 조선 백성들도 가만히 있지 않았죠. 여기저기서 청에 반대하는 소동이 일어난 거예요. 하지만 강력한 무기를 갖고 있는 청 앞에서는 힘을 쓸 수 없었지요.

청은 구식 군인과 하급 군인들이 많이 살던 왕십리와 이태원 일대를

보전
온전하게 보호하여 유지함

용납
너그러운 마음으로 남의 말이나 행동을 받아들임

배상금
남에게 입힌 손해에 대해 물어 주는 돈

보수
새로운 것이나 변화를 적극적으로 받아들이기보다는 전통적인 것을 옹호하며 유지하려 함

관료
직업적인 관리 또는 그들의 집단을 말해요. 특히 정치에 영향력이 있는 고급 관리를 이르는 말이에요.

돌아다니며 쑥대밭을 만들어 버렸어요. 성인 남자는 보이는 대로 모조리 죽이고 다니는 바람에 통곡 소리가 끊이지 않았죠. 흥선 대원군이 사라진 자리는 다시 고종과 왕후 민씨 세력이 차지했어요. 그리고 청과 일본이 남았지요. 조선은 일본에 어마어마한 금액의 피해 **배상금**을 지불해야 했어요. 게다가 일본은 언제 이런 일이 다시 벌어질지 모르니 공사관을 보호하기 위해 자국의 군대를 조선에 항상 머물 수 있게 해 달라고 요구했고, 조선은 받아들일 수밖에 없었어요. 이러한 내용을 담아 조선과 일본 간에 체결한 조약이 바로 '제물포 조약'이랍니다.

임오군란의 진압과 왕후 민씨가 다시 집권하는 데 도움을 준 청은 조선의 정치에 하나하나 간섭을 하기 시작했어요. 또한 '조청 상민 수륙 무역 장정'을 체결해 청 상인들은 한성에서 자유롭게 가게를 차릴 수 있게 되었지요.

임오군란으로 고종와 왕후 민씨의 개화 의지가 꺾이지는 않았어요. 고종은 흥선 대원군이 중국으로 납치되어 간 후 오히려 더 강한 개화 의지를 담아 정책들을 발표하기도 했어요.

시간이 흐르자 개화를 주장하는 세력도 생겨났어요. 이들의 지원에 힘입어 고종은 개화에 반대하는 **보수**적인 **관료**를 몰아내고 개화에 박차를 가했어요. 그리고 이렇게 발표했지요.

> 앞으로 관료든 상민이든 천민이든 누구나 돈을 벌어 부자가 될 수 있고, 농민·상인·수공업자의 자식일지라도 학교에 입학할 수 있다.

전통적인 조선 사회에서는 상상도 할 수 없었던 것이 바로 신분을 뛰어넘는 것이었지요. 고종은 정치에 참여할 수 없었던 하층민에게 그 길을 열어 주었어요.

하지만 고종과 왕후 민씨를 비롯한 개화 세력은 중요한 사실을 놓치고 있었어요. 바로 개화 정책이 아무리 훌륭하다 해도 이 정책의 중요성을 정작 백성들은 거의 모른다는 것이었죠. 백성들의 지지를 받지 못한 개화 정책은 오히려 백성들에게 개화에 대한 반감만 일으킬 뿐이었어요.

또, 청의 **내정 간섭**이 점점 심해지면서 청과 조선의 관계가 예전보다 더 불평등해졌답니다. 조선이 근대 국가로 성장하는 것을 바랄 리가 없는 청의 간섭 속에서 조선은 어떻게 근대화를 이루어 낼지가 큰 숙제로 남았습니다.

내정 간섭
한 나라가 자신의 이익을 위해 강제적으로 다른 나라의 국내 정치에 개입하는 것

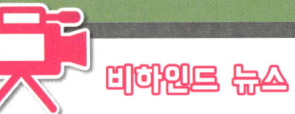

임오군란을 바라보는 흥선 대원군과 왕후 민씨의 속마음

― 흥선 대원군 ―

임오군란이 일어났다는 이야기를 듣고 이게 웬 떡인가 싶었지. 아들과 며느리가 추진하던 개화 정책이 영 못마땅했거든. 어허! 이런 말을 하면 나를 뒷방 노인네 취급을 하는데, 개화가 필요하단 건 나도 알지. 단지 그 시기가 지금은 아니라는 게야. 준비가 된 후 나라 문을 열어야 하지 않겠어?

그런데 아들놈이 다 컸다고 나를 내쫓더군. 나는 그저 아들이랑 며느리가 개화 정책을 추진하는 걸 보고만 있었어. 아무런 힘이 없었으니까.

이제 내 세상은 끝났구나 싶었는데, 개화 정책에 반대하는 임오군란이 일어났다지 뭐야? 결국 백성들이 나에게 권력을 돌려주는 모양새가 되니 더 뿌듯했어.

하지만 그것도 한 달! 내가 청에 인질로 끌려갈 줄을 어찌 알았겠어. 청까지 가는 동안 놈들은 나에게 사람 대접도 안 해 줘서 얼마나 힘들었는지 몰라. 눈물이 날 지경이었다니까.

권력이란 참 무서운 거야. 아들과 며느리가 손잡고 청의 도움을 받아 권력을 차지하려고 나를 이 꼴로 만든 셈이니까!

― 왕후 민씨 ―

나는 개화 정책이 조선에 꼭 필요한 정책이라고 확신해. 왜 백성들은 내 마음을 몰라 줄까? 나라의 문을 닫고 그저 우리끼리만 잘 지내다 보면 우리는 발전도 못하고 영원히 뒤처진 나라가 되어 언젠간 다른 나라에 먹히고 만다니까.

구식 군인들의 급료가 왜 그 모양으로 지불되었는지는 나도 모르겠어. 내 친척 민겸호의 비리가 컸다고들 하더군. 하지만 이 세상에 믿을 사람이 가족밖에 더 있겠어? 더군다나 시아버지를 따르는 사람들이 더 많은 상황에서 내가 가족을 중심으로 개화 정책을 추진한 건 어쩔 수 없었어.

임오군란 당시 난 궁녀 차림으로 빠져나갔지. 처음에는 권력을 되찾으려고 시아버지가 이 난을 주도한 걸로 오해를 했다니까! 게다가 내가 멀쩡히 살아있다는 걸 알면서도 내 장례를 치르는 건 좀 심하잖아!

난 정치적으로 다시 일어날 기회를 찾아야 했어. 일본은 검은 속내를 너무 드러내니 겁이 났고 만만한 게 청이더군. 청과 손을 잡은 건 나로서는 살아 남기 위한 어쩔 수 없는 선택이었어.

임오군란 | 개화에 대한 반발

갈라지는 개화파, 김옥균과 김윤식에게 듣는다

김역사 기자

조선의 개화 정책에 청이 하나하나 토를 달면서 방해를 하고 있다고 합니다. 청 입장에서는 조선이 개화에 성공해 국력이 강해지면 청에 맞서게 될 게 분명하므로 조선의 개화 정책이 눈엣가시였던 겁니다.
그렇다면 개화파 인사들은 청에 대해 어떻게 생각하고 있는지 들어보겠습니다.

김옥균

나는 청의 태도가 무척 불만이오. 임오군란 후 1882년에 맺은 '조청 수륙 무역 장정'만 해도 그렇소. 그 조약에 조선은 법적으로는 독립국이지만, 실제로는 정치나 경제·군사 면에서 청의 지배를 받는 속국이라 표현하지 않았소? 이 무슨 어처구니 없는 말이오? 또 무역에서 청에게 수많은 특혜를 보장해야 한다는 내용도 너무나 불만스럽소. 그뿐만 아니라 청은 사사건건 간섭하면서 조선의 개화를 막고 있소. 나는 조선이 일본의 메이지 유신과 같은 개화를 추구해야 한다고 생각하오. 서양의 기술뿐 아니라 학문, 제도, 정신까지 모두 본받아야 진정한 개화인 것이오. 그리고 하루 빨리 개화를 서둘러 조선을 새롭게 해야 하오. 서재필이나 홍영식 등도 나와 같은 생각을 하고 있소. 시간이 없소!

김윤식

나는 김옥균과 생각이 좀 다르오. 나는 청으로부터 개화를 배웠고, 청이 추구하는 개화 방식을 조선도 채택해야 한다고 생각하오. 우리가 부국강병을 추구해야 하는 이유, 우수한 서양의 무기와 기술을 배워야 하는 이유는 조선의 체제와 성리학의 정신을 지키기 위해서요. 따라서 개화를 지나치게 서두르기보다는 청과 손발을 맞춰가며 천천히 해 나가야 하오. 나와 생각을 같이 하는 사람으로는 어윤중, 민영익 등이 있소.

김옥균과 같은 생각을 하는 사람들을 급진 개화파, 김윤식과 같은 생각들을 하는 사람을 온건 개화파라고 합니다. 개화파가 나뉘게 되면서 어떤 일들이 벌어질까요?

77

고종훈의 한국사 브리핑

사건 핵심 분석 ▶ 임오군란

QR 코드를 찍으면 고종훈 선생님의 강의를 볼 수 있어요.

- 시기 ▶ 1882년
- 주동자 ▶ 조선의 구식 군인들
- 구식 군인들의 한마디 ▶ 신식 군대랑 왜 차별해?
- 구식 군인들이 기다리는 것 ▶ 13개월이나 밀린 급료!
- 구식 군인들의 작은 소망 ▶ 쌀밥 좀 먹어 보자.
- 구식 군인들이 싫어하는 인물 ▶ 고종과 왕후 민씨
- 역사적 중요도 ▶ ★★★★☆
- 시험 출제 빈도 ▶ 높음

왕후 민씨는 신식 군대인 별기군만 우대하고 구식 군인들을 천대했어요.

개화 정책이 실시되면서 조선은 신식 군인을 우대했어요. 그러나 조선 정부는 13개월 동안 구식 군인에게 월급조차 주지 않다가 한 달 치 월급으로 모래와 겨가 섞인 쌀을 주었어요. **구식 군인들은 참다못해 관리들의 집에 불을 지르고, 일본 관리들을 죽였답니다.**

사건 관계 분석

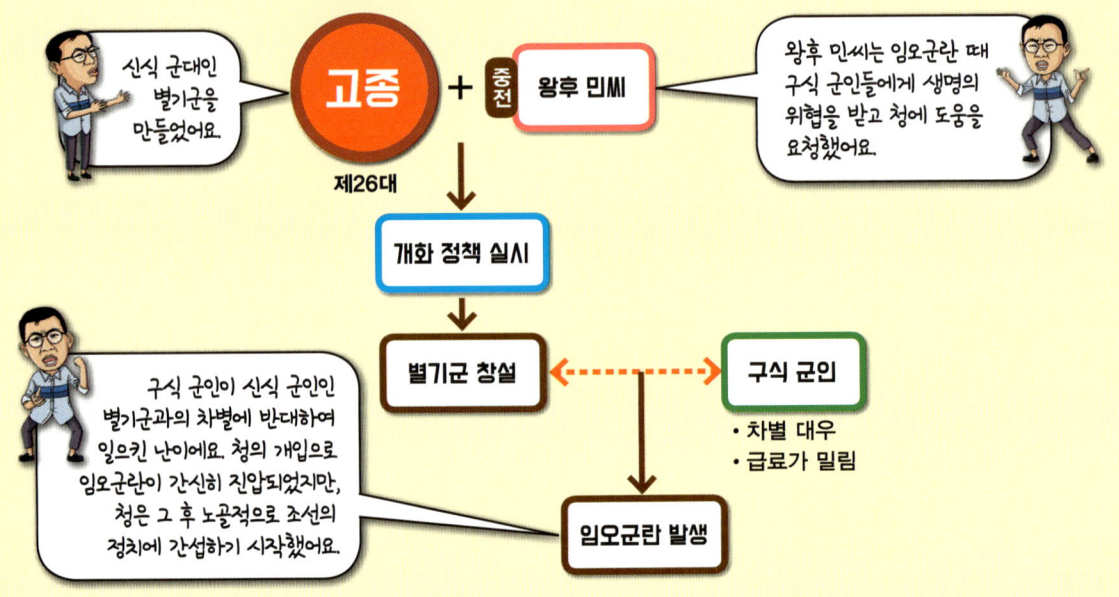

06 갑신정변

3일 천하의 꿈으로 끝난 근대화

시대 1884년

타임라인 뉴스

1873	1876	1877	1882	1884
최익현의 상소로 흥선대원군이 권력을 내려놓다	강화도 조약이 체결되다	개화파인 박규수가 세상을 떠나다	임오군란으로 개화 정책이 후퇴하다	개화파들이 갑신정변을 일으키다

1 헤드라인 뉴스

생방송 한국사

청을 물리치고 조선을 개혁하자!

특종입니다! 다른 방송사를 제치고 생방송 한국사가 급진 개화파 김옥균 씨의 동행 취재에 성공했습니다. 김옥균 씨는 많은 고민 끝에 우리의 취재를 승낙했는데요. 그는 무슨 계획을 세우고 있는 걸까요? 그럼 지금부터 김역사 기자의 취재 파일을 전격 공개합니다.

급진 개화파들과 함께한 3일, 지금부터 공개합니다.

오늘은 1884년 12월 6일입니다. 먼저 지금으로부터 한 달 전의 모습을 보여드리도록 하겠습니다.

김역사 기자

김옥균

일본을 보시오. 우리 조선도 진정한 개화를 이루려면 이렇게 청에 의지해서는 절대 안 된다고 생각하오. 일본식의 근대화를 빨리 이루어 조선을 부강한 나라로 만들어야 하오.

서재필

맞습니다. 청은 조선을 **속국** 취급하고 있어요. 이러다간 조선의 근대화는 글러 먹은 것이나 마찬가지예요. 왕후 민씨가 자신의 세력들을 끌어들이면서 온건 개화파가 너무 힘을 얻고 있어요. 우리 급진 개화파도 무언가 해야 할 때가 온 것 같습니다.

갑신정변 | 3일 천하의 꿈으로 끝난 근대화

급진 개화파들은 김옥균의 집에 모여 청이 조선의 근대화를 가로막는 이 현실을 바꾸어야 한다는 것에 뜻을 모았습니다. 그리하여 한 달 뒤인 12월 4일에 열리는 **우정총국** 개국 축하연을 이용해 정변을 일으키고 온건 개화파들이 잡고 있는 정권을 빼앗기로 한 거예요.

당시 온건 개화파들은 청과 긴밀한 관계를 맺고 있었고, 청은 임오군란 이후 조선을 한 손에 쥐고 흔들던 때라 정권은 온건 개화파가 잡고 있는 것이나 마찬가지였거든요. 급진 개화파와 온건 개화파는 둘 다 개화를 목표로 하지만 개화의 방법을 둘러싸고 의견이 서로 달라 이제 같은 세력이라고 보기 힘들 정도로 나뉘어진 상태였어요.

드디어 1884년 12월 4일의 날이 밝았어요. 초겨울로 접어든 쌀쌀한 날이었지요. 김옥균은 머릿속에 하루의 계획을 그려 보았어요. 그리고 정변을 일으키면 일본 공사 다케조가 군사를 보내어 도와줄 것이라는 약속도 다시금 떠올려 보았지요.

저녁이 되자 사람들이 우정총국으로 하나 둘 모여들기 시작했어요. 조선에 우편 업무를 담당하는 부서가 생긴 것을 축하하는 자리로, 정부의 높은 관리를 비롯해 조선에 와 있던 외국 관리들도 초대되었지요.

얼마 후 갑자기 '불이야!' 하는 소리가 들렸어요. 온건 개화파의 핵심 인물인 민영익은 무슨 일인지 알아보기 위해 급히 밖으로 나갔다가 급진 개화파의 칼에 맞아 피투성이가 된 채 간신히 안으로 들어왔어요.

급진 개화파들은 우정총국 문 밖에서 칼을 들고 기다리고 있었어요. 뛰쳐나오는 온건 개화파와 청의 관리들을 죽이기 위해서 말이에요. 하지만 너무 많은 사람들이 함께 움직이는 바람에 급진 개화파의 계획대

속국
법적으로는 독립국이지만 실제로는 정치, 경제, 군사 면에서 다른 나라의 지배를 받는 나라

우정총국
조선 시대 말에 우편 사무를 맡아보던 관아로, 우리나라 최초로 우편 업무를 시작하였어요. 고종 21년(1884)에 두었다가 갑신정변 이후에 없앴어요.

처단
결단을 내려 처치하거나 처분함

로 잘 되지는 않았어요. 온건 개화파를 다 **처단**하지는 못했지만 김옥균과 박영효는 다음 단계로 넘어가기로 했어요. 창덕궁으로 달려간 거예요. 왕과 왕비를 자신들의 편으로 만들어야 했으니까요.

"지금 도성에 반란이 일어났습니다. 청군이 일으켰다고 하옵니다. 저희를 따라 안전한 곳으로 가시는 것이 좋겠습니다."

고종과 왕후 민씨는 당황스러웠어요. 대체 누가, 왜 반란을 일으켰는지 알 수가 없었거든요. 게다가 김옥균을 따라가는 것이 맞는지도 판단할 수 없었어요. 그런데 그때 갑자기 궁궐 한쪽에서 펑 하고 폭탄 터지는 소리가 들렸어요. 깜짝 놀란 고종과 왕후 민씨는 일단 김옥균을 따라 경우궁으로 거처를 옮겼지요.

마침 일본군도 도착해 급진 개화파들에게 힘을 실어 주었지요. 김옥균은 고종에게 급진 개화파들을 중심으로 정부를 구성할 수 있게 해 달라고 말했어요. 갑자기 벌어진 난리에 무서웠던 고종은 얼떨결에 허락해 주었지요.

1884년 12월 5일이 밝았어요. 급진 개화파가 정권을 잡은 지 이틀째 되는 날입니다. 급진 개화파는 우선 새로운 정부의 구성원부터 발표했어요. 김옥균, 서재필, 서광범, 박영효, 홍영식 등이 주요 관직을 차지했지요. 그리고 급진 개화파들이 추구하는 정책도 같이 발표했어요.

한편, 영리한 왕후 민씨는 이 반란이 청이 일으킨 것이 아니란 것을 금세 눈치챘어요. 그리고 이 판을 뒤집기 위해서는 얼른 경우궁에서 벗어날 필요가 있다는 것도 알았죠. 왕후는 일본 공사 다케조를 불러 궁이 너무 좁으니 옮기고 싶다고 말했고, 다케조는 별 의심 없이 창덕궁으로 옮기는 것을 허락해 주었어요.

그 시각 궁 밖에서는 **흉흉한** 소문이 퍼지고 있었어요. 급진 개화파들이 일본과 손잡고 왕과 왕비를 살해한 뒤 새로운 왕을 세웠다는 것이었지요. 소문을 들은 백성들은 급진 개화파에 반감을 갖기 시작했어요. 이렇게 이틀째 밤이 흘러갔어요.

3일째 날이 밝자 한성 곳곳에 급진 개화파가 추진하고자 하는 개혁 내용을 담은 **포고문**이 붙었어요. 그 시각, 청 군대는 자신들에게 반기를 든 급진 개화파를 처단하기 위해 창덕궁을 향해 움직이기 시작했어요. 이 소식을 들은 김옥균은 긴장했지만 믿는 구석이 있었지요. 바로 다케조가 이끄는 일본군이었어요.

그런데 다케조는 청군이 온다는 소식을 듣자마자 국가 간에 갈등이 벌어질 것을 걱정해 얼른 군대를 철수시켰어요. 김옥균과의 약속을 깬 거죠. 그날 오후 3시, 청군이 창덕궁으로 들어왔어요. 청과 싸움을 하면 불리하다는 것을 깨달은 급진 개화파는 훗날을 기약하고 물러서기로 했어요. 김옥균과 박영효, 서광범은 다케조의 도움을 받아 일본으로 피신했고, 고종 옆을 끝까지 지킨 홍영식은 결국 죽음을 맞았어요. 한성에 남은 급진 개화파들의 가족들은 모두 옥에 갇히거나 죽어야 했어요. 이렇게 급진 개화파의 야심찬 개혁은 3일 만에 끝이 나고 말았어요.

흉흉한
분위기가 술렁술렁하여 매우 어수선한

포고문
널리 펴서 알리는 글

2 심층 취재

생방송 한국사

시대가 알아주지 못한 개혁

한성에서 갑신정변이 일어났습니다. 번갯불에 콩 볶아 먹는 것처럼 순식간에 일어난 사건이라 잘 모르는 백성도 많으실 줄 압니다. 그래서 우리 생방송 한국사에서는 백성 여러분이 궁금해하시는 내용을 샅샅이 골라 심층 취재를 하였습니다. 김역사 기자, 전해 주시죠.

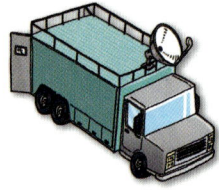

갑신정변 당시 급진 개화파가 주장한 내용은 뭘까요?

김역사 기자

갑신정변은 조선을 근대 국가로 만드는 것을 목표로 일어난 최초의 정치 개혁 운동입니다. 정변을 주도한 급진 개화파는 조선의 개화를 사사건건 방해하는 청과 청에 휘둘리는 온건 개화파를 곱지 않은 시선으로 바라보고 있었어요. 그래서 권력을 쥔 온건 개화파를 내쫓고 정권을 잡은 뒤 본격적으로 개화를 추진하려고 정변을 일으킨 것이지요.

갑신정변 이틀째 아침, 급진 개화파는 자신들이 추구하는 바를 밝혔어요. 원래는 80여 개 조항에 달하지만 현재 전해지는 것은 『갑신일록』에 실린 14개 조항밖에 없어요. 이 책은 갑신정변의 실패 후 일본으로 몸을 피한 김옥균이 급진 개화파가 추구했던 정치적 목적과 갑신정변의 과정 등을 적어 놓은 책이에요. 이를 통해 김옥균을 비롯한 급진 개화파의 생각을 잘 알 수 있답니다. 그럼, 14개 조항을 알아볼까요?

84 갑신정변 | 3일 천하의 꿈으로 끝난 근대화

개혁 정강 14개조

1. 대원군을 며칠 안에 돌아오게 하고 청에 **조공**하는 것을 폐지할 것
2. **문벌**을 폐지하여 인민 평등의 권리를 제정하고 사람의 능력으로 관직을 택하게 하지, 관직으로 사람을 택하지 않을 것
3. 전국의 **지조법**을 개혁하여 간사한 관리들을 근절하고 백성의 곤란을 구하며 더불어 국가 재정을 풍족하게 할 것
4. **내시부**를 폐지하고 그중에서 참으로 우수하고 재능 있는 자는 등용할 것
5. 그동안 나라에 해독을 끼친 탐관오리 중에서 심한 자는 처벌할 것
6. 각 도의 환곡 제도는 영구히 폐지할 것
7. 규장각을 폐지할 것
8. **순사** 제도를 시급히 실시하여 도적을 방지할 것
9. **혜상공국**을 폐지할 것
10. 그동안 유배, **금고**된 사람들을 다시 조사하여 석방할 것
11. 군대 제도를 다시 고치고, **장정**을 선발하여 **근위대**를 시급히 설치할 것(육군대장은 세자를 추대할 것)
12. 모든 국가 재정을 호조로 하여금 관할케 하며, 그 밖의 모든 돈과 관련된 업무를 하는 관청은 폐지할 것
13. 대신과 참찬은 의정부에 모여 명령이나 법령을 의결할 것
14. 정부는 의정부, 6조 외에 불필요한 관청에 속하는 것은 모두 폐지하고 대신이 토의하여 처리하게 할 것

조공
작은 나라가 큰 나라에 때를 맞추어 예물을 바치던 일

문벌
대대로 내려오는 그 집안의 사회적 신분이나 지위

지조법
토지에 매기던 세금과 관련된 법률

내시부
조선 시대에 내시를 관할하던 관아

순사
경찰과 비슷한 관직

혜상공국
조선 시대에 전국의 보부상을 단속하는 일을 맡아보던 관아

금고
교도소에 가두어 두기만 하고 노역은 시키지 않는 것

장정
군대에 갈 수 있는 남자

근위대
임금을 가까이에서 호위하던 부대

정강을 읽은 백성의 이야기를 들어 보겠습니다.

한백성: 김옥균을 비롯한 급진 개화파가 이런 주장을 했다고요? 신분을 없애고 능력에 따라 관리를 선발하라는 둥, 지조법을 없애라는 둥, 탐관오리를 처벌하라는 둥 우리 백성에게 무척 유리한 일들을요? 그 사람들이 정말 이런 주장을 했다고요?

14개조 정강은 실제로 조선을 근대적으로 만들 수 있는 내용을 많이 담고 있습니다. 하지만 이런 내용이 백성들에게는 거의 알려지지 않았어요. 계속해서 또 다른 백성을 만나 보겠습니다.

나일반: 우리는 급진 개화파들이 이런 생각을 하고 있었다는 것은 전혀 몰랐구먼유~. 그런데 왜 사람을 죽인대유? 그 때문에 신하들과 왕을 죽인 나쁜 사람들이라고 소문이 퍼졌잖어유. 당연히 그런 사람들을 좋게 볼 수는 없지유. 저만 그런 것이 아녀유. 거의 대부분의 사람들이 김옥균, 서재필 등을 나라를 혼란스럽게 만드는 사람들이라고 생각한 걸유~. 그리고 왜 하필 조선을 괴롭히는 일본을 끌어들인대유. 그건 아직도 못마땅하구만유.

백성들의 생각을 들어보았는데요. 급진 개화파들이 주장한 내용은 조선이 근대화하는 데 꼭 필요한 것이지만 이러한 생각을 백성들과 함께 하지 않았음을 알 수 있습니다. 만약 백성들의 동의를 얻었더라도 갑신정변이 이렇게 허무하게 끝났을까요? 또 일본의 의도를 알아채지 못한 채 일본을 끌어들인 일도 섣부른 행동이었습니다. 이 때문에 조선 백성들은 개화에 대해 더 안 좋게 생각하게 되었어요. 결국 급진 개화파는 조선의 백성보다 일본의 군대를 더 의지했기 때문에 이처럼 뼈아픈 결과를 경험하게 된 거지요.

한편, 갑신정변 이후 청은 조선의 정치에 더 깊숙이 개입했어요. 가뜩이나 임오군란 이후 조선에서 큰 힘을 얻은 청은 더 큰 세력을 손에 쥐게 된 거예요. 이에 따라 일본과 청의 대립도 더 심해졌지요.

일본은 갑신정변을 자신들에게 유리한 방향으로 이용했어요. 급진 개화파를 도와줄 것처럼 말해 놓고 배신한 일본이었는데 말이에요. 일본은 갑신정변 당시 일본 공사관이 불에 탄 것을 핑계로 조선과 **한성 조약**을 체결하여 많은 배상금을 얻어 냈어요. 또한 청과는 **톈진 조약**을 체결하였지요. 이 조약은 청과 일본 양국이 조선에서 군대를 철수하는 내용을 담고 있어요. 그리고 청·일 양국은 앞으로 조선에 군대를 보낼 때에는 상대방에게 미리 알리기로 했어요. 힘없는 조선을 사이에 두고 청과 일본이 서로 다투는 안타까운 모양새입니다.

한성 조약

1884년 갑신정변의 뒤처리를 위해 일본과 맺은 조약으로 갑신정변 과정에서 입은 피해를 일본측에 보상해 주었죠.

톈진 조약

1884년 갑신정변 후 일본과 청이 맺은 조약으로 청일 양국 군대는 동시에 철수하고 동시에 파병한다는 내용을 담고 있어요.

유길준에게 듣는 '세계는 그리고 조선은?'

갑신정변 이후 조선의 상황을 어떻게 보십니까?

갑신정변 이후 조선에서는 급진 개화파들이 완전히 사라져 버렸습니다. 또 청의 내정 간섭이 몹시 심해져 청의 관리가 마치 왕처럼 행동했지요. 그래서 고종과 왕후 민씨는 청 몰래 러시아 세력을 끌어들이려 한 거예요. 이 계획에 반대하는 친청 세력인 온건 개화파들은 모조리 유배를 보내거나 관직을 빼앗았어요. 그러자 개화 정책을 추진하고 싶어도 개화파가 남지 않아 곤란하게 되었죠. 그래서 러시아를 더 적극적으로 끌어들이게 되었어요.

개화에 성공한 일본은 어떻게 보십니까?

조선은 일본을 통해 개화를 배우고 있지만 일본의 속마음을 모르니 반드시 조심해야 합니다. 일본이 선한 마음을 갖고 있지 않다는 것은 그동안의 행동만 봐도 충분히 알 수 있지 않을까요? 일본에 대항하기 위해서 조선은 빨리 힘을 길러야 해요!

청의 속마음이 궁금한데요.

청은 계속 조선을 지배하고 싶어 합니다. 그래서 러시아와 일본을 항상 경계하는 것이지요.

러시아가 남쪽 지역에 눈독을 들이는 이유는 뭘까요?

19세기에 들어 러시아는 얼지 않는 항구를 찾아 남쪽으로 세력을 넓히고 있습니다. 조선을 얻으면 얼지 않는 항구뿐 아니라 동아시아에서 큰 힘을 얻을 수 있지요.

영국이란 나라에 대해 설명 부탁 드립니다.

세계 최강국이었던 영국은 러시아가 얼지 않는 항구를 찾아 자꾸만 남쪽으로 내려오는 게 신경쓰였어요. 그런데 조선이 스스로 러시아를 끌어들이려고 하니 영국은 안달이 났어요. 영국은 즉각 함대를 파견하여 거문도를 점령해 버렸어요.

조선에게 가장 유리한 외교 정책은 무엇일까요?

바로 한반도 중립화 정책입니다. 한반도는 언제든 국제 분쟁에 휩싸일 위험이 높아요. 그러니 세계 강대국들이 모여 한반도 중립화를 결정해야 한다고 봅니다.

전 미국과 유럽에 다녀온 사람입니다. 국제 정세, 제가 알려드리죠~.

▲ 『서유견문』: 1880년대에 유길준이 미국과 유럽의 여러 나라를 둘러보고 돌아와 각국의 역사, 지리, 정치, 풍속 등을 정리한 책

갑신정변 | 3일 천하의 꿈으로 끝난 근대화

고종훈의 한국사 브리핑

사건 핵심 분석 ▶ 갑신정변

QR 코드를 찍으면 고종훈 선생님의 강의를 볼 수 있어요.

- 시기 ▶ 1884년
- 주요 인물 ▶ 김옥균을 비롯한 급진 개화파
- 사건 장소 ▶ 우정총국
- 급진 개화파가 좋아하는 나라 ▶ 일본
- 급진 개화파의 속마음 ▶ 조선을 강국으로 만들자.
- 연관 검색어 ▶ 개화사상, 청
- 역사적 중요도 ▶ ★★★★☆
- 시험 출제 빈도 ▶ 높음

임오군란 이후, 개화파는 정치적으로 의견이 나뉘었어요.

임오군란 후, 급진 개화파들은 근대 문물을 받아들이기 위해 적극적인 개화 정책을 요구했어요. 이들은 **우정국 개국 축하연에서 일본의 도움을 받아 정변을 일으키고 개혁을 시도했어요.** 하지만 청의 개입으로 3일 만에 실패하고 말았답니다.

사건 관계 분석

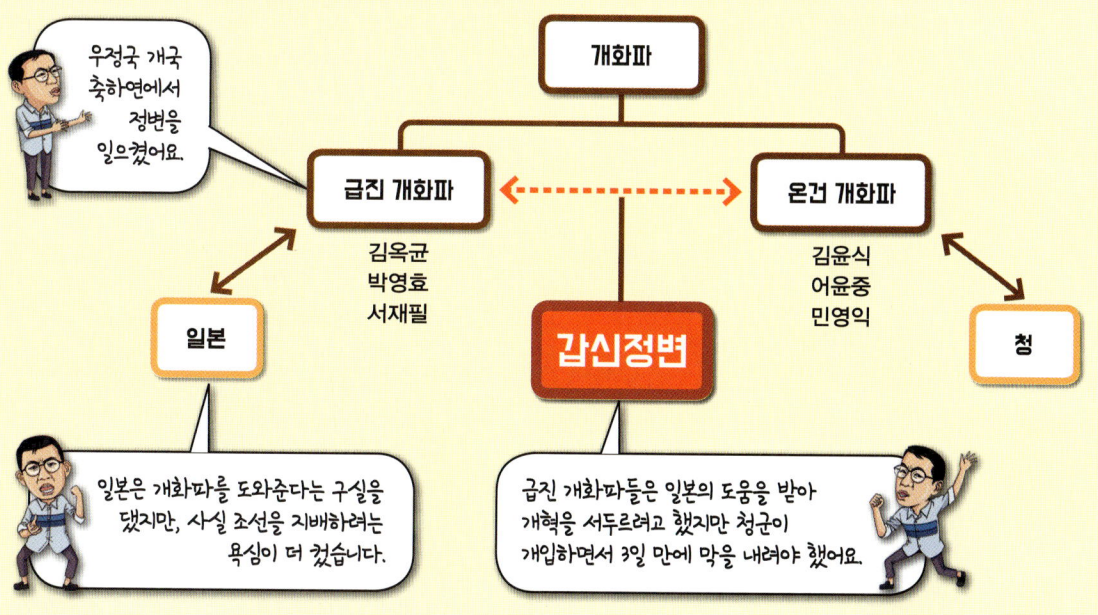

07 동학 농민 운동

농민들이 사는 세상을 위하여

시대 1894년

타임라인 뉴스

1864 　동학 교주 최제우를 처형하다

1882 　구식 군인들을 중심으로 임오군란이 일어나다

1884 　갑신정변이 일어나 사회가 더욱 혼란해지다

1892 　전라북도 고부군수로 조병갑이 임명되어 내려오다

1893 　전봉준이 조병갑에게 억울한 사정을 두 차례에 걸쳐 호소하였으나 받아들여지지 않다

1894
　1월 　고부군수 조병갑을 혼내 주기 위해 동학교도와 농민들이 쟁기와 낫과 죽창 등을 들고 고부 관아를 습격하다
　3월 　전봉준을 중심으로 백산에서 봉기하다
　4월 　전라북도 정읍의 황토현 전투에서 정부군을 상대로 승리를 거두다
　5월 　동학 농민군이 전주성을 점령한 후 정부를 상대로 전주 화약을 체결하다
　6월 　청일 전쟁이 일어나다
　9월 　반외세를 주장하며 삼례에 동학 농민군이 집결하다
　10월 　충청도 논산으로 동학 농민군이 집결한 후 공주를 향해 진격하다
　11월 　동학 농민군이 우금치에서 일본군의 공격을 받아 많은 사상자를 낸 이후 기세가 꺾이다

1895 　전봉준이 다른 동학 지도자들과 함께 최후를 마치다
이후 동학 농민군은 항일 의병 항쟁의 중심 세력으로 자리 잡다

1 인물 초대석

생방송한국사

어렵고 힘든 세상, 동학 밖에 없더라!

개항 이후 조선의 시장에는 일본 상품이 넘쳐 나고, 중국 상인들과 일본 상인들이 증가하면서 피해를 입는 조선 상인과 백성들이 많다는데요. 과연 시장에서는 어떤 일이 벌어지고 있는지 백성 한 분을 모시고 이야기를 나눠 보겠습니다. 나동학 씨 안녕하십니까?

나동학

전 안녕하지 못합니다. 사는 게 너무 힘들어서 죽지 못해 살고 있거든요. 기자님이 뭘 좀 아시는 모양인데, 제가 우리 같은 사람들이 어떻게 사는지 자세히 알려 드리리다.

지금 굉장히 화가 나 있으신 것 같은데, 마음을 조금 가라앉히시고 편안하게 말씀하시면 좋겠습니다.

개항 이후 근대화를 위해 세금을 많이 걷고 있다는 건 기자 양반도 아시죠? 세금 내는 것도 허리가 휠 지경인데 나 같은 농민은 쌀이 없어서 굶고 있어요. 농사를 지었는데 먹을 쌀이 없다니 이게 말이 됩니까? 이게 다 일본 상인들이 자기 나라 공장 노동자들에게 싸게 쌀을 먹이려고 조선의 쌀을 싹쓸이해가고 있기 때문이에요.

그럼 쌀을 판 돈으로 다시 쌀을 사면 되지 않을까요?

 이 나쁜 놈들이 **보릿고개** 때 아주 적은 돈으로 가을에 추수할 쌀을 미리 사 버린다니까요. 당장 곡식이 없어서 사 먹어야 하는 우리는 한 푼이 아쉬우니 울며 겨자 먹기로 팔 수밖에 없어요. 이를 막기 위해 함경도와 황해도에서는 **방곡령**을 내렸다고 하더라고요. 그런데 일본의 방해로 방곡령도 실패했대요. 우리 같은 농민들만 죽어나는 거죠.

개항 이후 농민들 말고는 좀 살만 했나요?

 한마디로 조선에 살만한 사람은 아무도 없다고 생각하시면 돼요. 일본과 청의 상인이 조선에 넘쳐 나면서 조선 상인들은 장사할 곳을 잃었어요. 임오군란 이후 청 상인들은 청의 보호를 받으며 활개를 치고 다녔지요. 일본 상인들은 청 상인에 밀려 한동안 힘을 못 썼지만 야금야금 상권을 넓혀 가더라고요. 일본에서 싼 면직물이 들어오면서 조선 사람들이 만들던 면포는 순식간에 사라졌어요. 그나마 좋은 품질 덕에 안성의 유기(놋그릇) 정도나 살아남았으니 말 다했죠.

그럼 조선의 백성들은 그 힘든 상황에서 어떻게 버틸 수 있는 걸까요?

 저…. 얼굴 모자이크 처리해 주나요? 양반들이 알면 큰일 나요! 혹시 동학이라고 들어 보셨나요? 이것 좀 보실래요?

人乃天 (인내천)   後天開闢 (후천개벽)

보릿고개

햇보리가 나올 때까지의 넘기 힘든 고개라는 뜻으로, 묵은 곡식은 거의 떨어지고 보리는 아직 여물지 아니하여 농촌의 식량 사정이 가장 어려운 때를 비유적으로 이르는 말이에요. 대략 4~5월에 해당한답니다.

방곡령

일본에 대한 곡물 수출을 금지한 명령이에요. 강화도 조약으로 항구를 개방한 후 우리나라의 쌀이 일본에 싼값으로 나가는 것을 막기 위한 조처였으나 일본 정부의 강력한 항의로 곧 해제되었습니다.

교조 신원 운동

어떤 종교나 종파를 처음 세운 사람을 교조라고 해요. 신원은 가슴에 맺힌 원한을 푸는 것을 말해요. 동학교도들은 동학에 대한 탄압을 중지하고 교조 최제우의 누명을 벗겨 달라며 교조 신원 운동을 펼쳤어요.

사발통문

호소문이나 격문 따위를 쓸 때에 주모자를 알지 못하도록 서명에 참여한 사람들의 이름을 사발 모양으로 둥글게 돌려 적은 통문

인내천, 후천 개벽이라고 써 있네요. 무슨 뜻이죠?

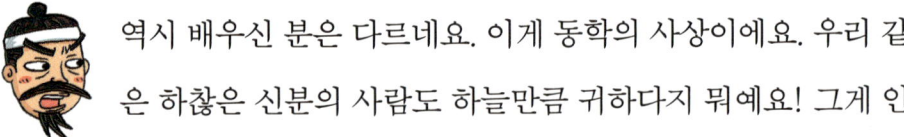

역시 배우신 분은 다르네요. 이게 동학의 사상이에요. 우리 같은 하찮은 신분의 사람도 하늘만큼 귀하다지 뭐예요! 그게 인내천이에요. 또, 후천 개벽 사상이라고 해서, 동학을 믿으면 현실 문제들이 해결되어 누구나 평등한 새 세상이 열린대요! 당연히 우리는 동학으로 모여들었죠. 그런데 우리가 모이는 것만으로도 높으신 분들은 겁이 났나 봐요. 동학을 금지하더라고요.

그 후의 일이 어떻게 전개되었는지 궁금하군요.

나라에서는 동학의 창시자인 최제우를 사형시켰어요. 나라를 어지럽힌다면서요. 우리로서는 억울하죠. 교조 최제우의 누명을 벗기기 위해 1892년 전라도 삼례에 모여 **교조 신원 운동**을 하고, 서울에서도 했어요. 하지만 별 효과는 없었어요. 그래서 1893년에는 충청도 보은에서 또 한번 모임을 가졌죠. 이때 전라도 출신 지도자들인 손화중, 전봉준, 김개남 등은 **사발통문**을 돌리며 의견을 나누더라고요. 우리는 본능적으로 알 수 있었어요. 조만간 뭔 일이 일어날 거예요.

네, 시간이 다 됐군요. 아쉽습니다. 이후의 사건은 다음 뉴스에서 전해 드리겠습니다.

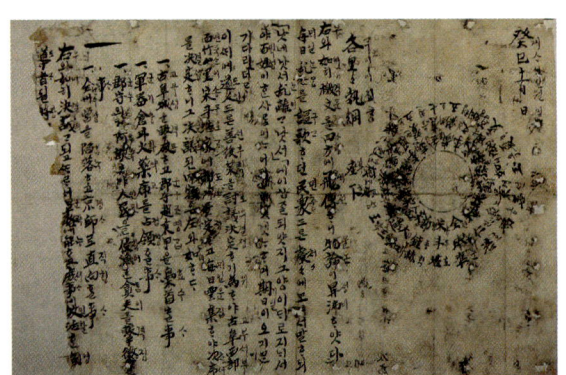

▲ 사발통문

동학 농민 운동 | 농민들이 사는 세상을 위하여

2 헤드라인 뉴스

농민의 함성이 한반도를 뒤덮다!

지금 한반도 남쪽에서 농민들이 들고 일어났다고 합니다. 이게 어찌된 일일까요? 500년 가까이 조선 왕조에 충성을 바치던 백성들이 분노한 이유가 궁금하지 않을 수 없는데요. 지금 그 현장에 김역사 기자가 나가 있습니다. 연결해 볼까요? 김역사 기자, 나와 주세요.

전라남도 고부는 너른 들판이 펼쳐져 있는 조선의 대표적 곡창 지대입니다. 하지만 그만큼 수탈이 심해 오히려 백성들은 힘들게 살았어요. 그러한 가운데 충청도 보은 집회 이후 전라도 지역에서는 동학 세력이 분노한 농민들의 마음을 한곳으로 모으고 있었어요.

그런데 얼마 전 새로운 고부 군수가 내려왔습니다. 그의 이름은 조병갑인데요. 조병갑을 바라보는 백성의 눈빛이 곱지만은 않습니다. 과연 무슨 이유로 백성들이 조병갑을 미워하게 된 것일까요? 저는 기자 정신을 발휘해 조병갑의 뒤를 끈질기게 쫓아다니며 그의 행적을 낱낱이 조사했는데요. 과연 조병갑의 비리와 횡포가 대단했습니다.

화가 난 농민들은 동학 지도자인 전봉준을 찾아가 억울함을 호소했고, 전봉준은 조병갑에게 진정서를 올렸지만 무시당했어요.

김역사 기자

고부 군수 조병갑의 비리와 횡포

- 농민들에게 세금을 부과하지 않겠다고 약속하고는 황무지 개간을 허락해 준 뒤, 막상 추수를 할 때는 강제로 세금을 뜯어 감.
- 백성들에게 질 좋은 쌀을 세금으로 거두어들이고, 중앙 정부로 세금을 보낼 때는 질 나쁜 쌀을 보내어 차액을 가로챔.
- 그럭저럭 사는 농부에게는 불효를 저질렀다며 재물을 빼앗음.
- 자신의 아버지 공덕비를 세운다고 돈을 억지로 거둠.
- 고부읍 북쪽에 농업용 저수지인 만석보가 있는데도 농민들을 강제로 동원해 바로 아래에 저수지를 또 만들고, 그 물을 쓰는 농민들에게 많은 세금을 거둠.

죽창
대나무로 만든 창

관아
예전에 벼슬아치들이 모여 나랏일을 처리하던 곳

아전
관아에 속해서 일을 하던 사람들

봉기
벌 떼처럼 떼 지어 세차게 일어남

마침내 전봉준과 농민군은 쟁기와 낫, **죽창**을 들고 조병갑이 있는 고부 **관아**로 쳐들어갔어요. 조병갑은 이미 내빼고 없었지요. 농민군은 조병갑에게 아부하며 농민들을 괴롭히던 **아전**들을 혼내 주고 죄 없이 갇혀 있던 백성들을 풀어 주었어요. 그러고는 백산으로 향했죠. 이때 억눌려 있던 다른 백성들이 합류하면서 그 수는 점점 많아져 수많은 사람들이 백산에 모여 **봉기**했어요.

백성들이 난을 일으켰다는 소식에 조선 조정은 발칵 뒤집혀 얼른 관리 이용태를 보냈지요. 그런데 이용태는 농민들이 왜 화가 났는지 헤아리기는커녕 오히려 봉기의 주동자를 찾겠다며 동학교도와 농민들을 닥치는 대로 감옥에 가두었어요.

이 난리 속에서 전봉준은 관리들의 눈을 피해 도망다니며 손화중, 김개남 등과 만나 어떻게 대처할지 의논했어요. 그리고 다른 지도자들과

함께 봉기를 일으키자는 격문을 돌렸지요. 마침내 동학교도들과 농민들은 전봉준을 대장, 손화중과 김개남을 부대장으로 삼고 본격적인 봉기를 선언했어요. 바로 1차 농민 전쟁이 벌어진 것이죠.

농민군은 "안으로는 나쁜 관리를 없애고, 밖으로는 적을 쫓아낸다."고 외쳤어요. 그리고 전라북도 황토현에서 승리를 거두었어요. 허술한 무기밖에 없는 농민군이 관군을 상대로 승리를 거둔 거죠. 농민군의 사기는 하늘을 찌를 듯 했어요. 기세를 몰아 농민군은 전주성까지 점령해 버렸지요.

농민군은 나쁜 관리들을 혼내 주고, 관청이 빼앗은 곡식을 다시 농민에게 돌려주었으며, 백성들의 안전에도 신경을 써 가는 곳마다 인기를 끌었지요. 이런 농민군의 정신은 전주성 점령 후 발표한 「폐정 개혁안」에 잘 나타나 있어요.

폐정 개혁안

탐관오리를 내쫓고 각종 세금을 법대로 거두어야 한다는 조항을 통해 동학이 조선 사회의 봉건적인 제도를 없앨 것을 주장했음을 알 수 있어요. 또한 토지를 똑같이 나누자는 조항을 통해 농민들의 오랜 바람을 알 수 있지요. 이 외에도 여성의 지위에 대한 고민, 평등사상 등도 엿볼 수 있답니다.

응징
잘못을 깨우쳐 뉘우치도록 징계함

탕감
빚이나 요금, 세금 따위의 물어야 할 것을 없애 줌

화약
화목하게 지내자는 약속

집강소
농민들이 만든 농민 자치 조직으로, 지방 행정과 치안을 담당하였어요.

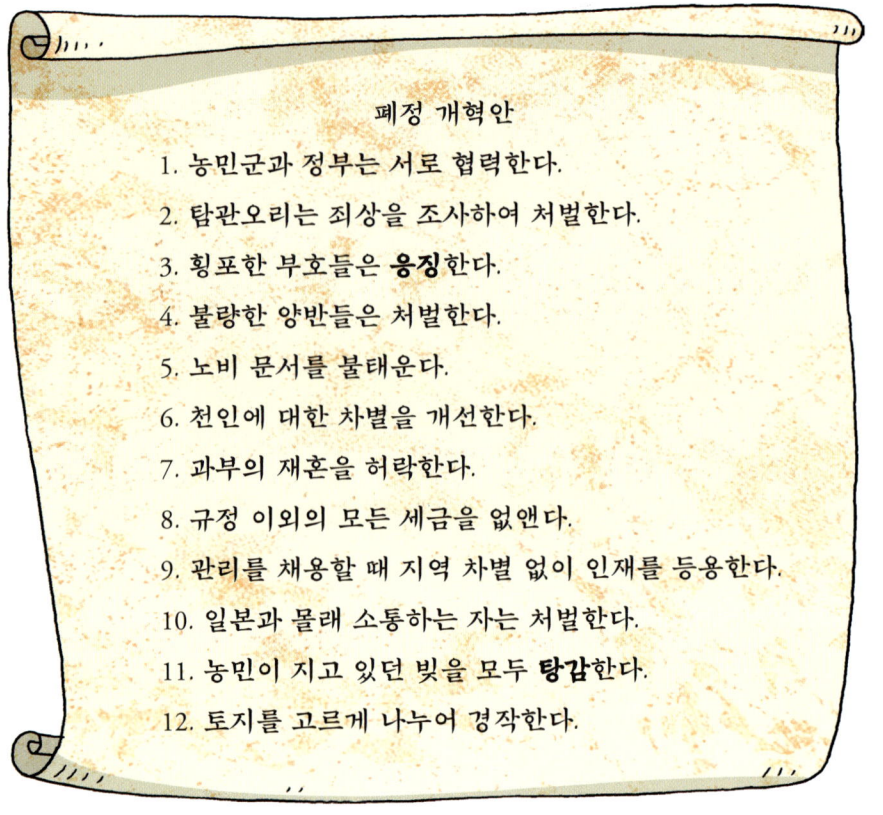

폐정 개혁안
1. 농민군과 정부는 서로 협력한다.
2. 탐관오리는 죄상을 조사하여 처벌한다.
3. 횡포한 부호들은 **응징**한다.
4. 불량한 양반들은 처벌한다.
5. 노비 문서를 불태운다.
6. 천인에 대한 차별을 개선한다.
7. 과부의 재혼을 허락한다.
8. 규정 이외의 모든 세금을 없앤다.
9. 관리를 채용할 때 지역 차별 없이 인재를 등용한다.
10. 일본과 몰래 소통하는 자는 처벌한다.
11. 농민이 지고 있던 빚을 모두 **탕감**한다.
12. 토지를 고르게 나누어 경작한다.

농민군이 전주성을 점령하자 조선 정부는 얼른 청에게 도움을 요청했어요. 청이 군대를 파병하자 일본도 조선에 있는 일본 사람들을 보호한다는 핑계로 군대를 보냈지요. 조선 땅에서 청과 일본이 충돌할 것을 염려한 농민군은 폐정 개혁을 조건으로 조정과 전주 **화약**을 맺고 해산했어요. 이후 농민군은 **집강소**라는 기구를 만들어 개혁을 진행했어요.

한편, 농민군이 스스로 해산하였음에도 불구하고 청군과 일본군은 돌아가지 않았어요. 오히려 일본군은 경복궁을 점령하고 청군을 공격하였어요. 결국 우려했던 대로 청과 일본의 전쟁이 벌어진 거예요. 과연 조선의 운명은 어떻게 될까요? 다음 뉴스에서 계속됩니다.

3 심층 취재

외국 세력은 조선을 떠나라!

전주 화약을 맺은 이후 마을로 돌아갔던 동학 농민군들이 다시 봉기를 준비하고 있다는 소식입니다. 무슨 이유로 농민군이 다시 뭉치고 있는지 궁금하실 것 같습니다. 지금 김역사 기자가 다각도로 취재를 하고 있는데요. 김역사 기자! 소식 전해 주시죠.

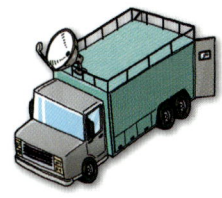

얼마 전 일본군이 경복궁을 점령했습니다. 이 소식이 전해지자 농민들은 다시 무장을 하기 시작했는데요. 일본군이 농민군을 괴롭힐 것에 대비하기 위해서라고 합니다. 그럼 농민군 지도자 전봉준 씨를 모시고 어떤 계획을 세우고 계신지 들어 보겠습니다.

한반도 전역에서 농민군이 무기를 들고 일어나고 있습니다.

김역사 기자

전봉준

강경파 지도자인 김개남이 재무장을 선언했는데, 사실 저는 시기가 너무 이른 것 같아 처음에는 반대를 했습니다. 그래도 이런 일은 뜻을 하나로 모아야만 하니까 생각을 바꿔 봉기에 참여하게 되었지요. 저처럼 반대하던 동학 2대 교주 최시형도 충청도의 동학교도들이 관리들에게 심하게 탄압을 받자 동참했고요.

우리들은 동학을 탄압하는 충청 감사를 상대로 전쟁을 선포했어요.

그리고 우리가 일본에 대항하는 항일 의병임을 밝혔지요. 우리는 공주를 점령한 후 한성으로 올라갈 계획을 세웠습니다.

여기서 예상했던 것보다 큰 문제가 터졌습니다. 바로 일본군인데요. 농민군은 일본이 강한 상대라는 것을 알고는 있었지만 신식 무기로 무장한 일본군은 생각보다 훨씬 강했던 것입니다. 일본군은 청군을 무찌른 뒤 바로 농민군을 향해 총부리를 돌렸어요. 반란 진압에만 급급했던 조선의 개화파 정권은 일본군의 농민군 진압을 허락해 버립니다.

2차 봉기 최대의 전투인 우금치 전투가 1894년 11월에 일어났어요. 2만여 명의 농민군이 일시에 공격을 시작했지요. 하지만 관군과 힘을 합친 일본군은 끄떡도 하지 않았어요. 일본군은 총과 포를 쏘아 대며 농민군을 공격했지요. 농민군의 시체가 산을 이루는데도 우금치 고개가 농민군의 손에 넘어오지 못했어요. 4일 동안 치른 우금치 전투에서 농민군의 반 이상이 숨을 거두었어요.

상황을 지켜보며 전쟁을 지휘하던 전봉준은 관군에게 편지를 띄웠어요. "우리들은 외적을 없애고 개화 정권을 응징하고자 하는 것이지 같은 조선 사람을 상대로 싸우자는 것이 아니다. 관군도 같이 힘을 합쳐 목표를 이루어야 한다."고 말이에요. 그러나 관군 지도자들은 콧방귀를 뀌었지요. 공주를 얻기 위해 20여 일 동안 싸운 농민군은 결국 수많은 동료의 시체를 뒤로 하고 후퇴해야 했지요.

그럼 다시 전봉준 씨에게 우금치 전투에서 농민군이 패배한 이유에 대해 들어보도록 하겠습니다.

수만 명의 우리 농민군이 기껏해야 5천 명 정도인 관군과 일본군에게 진 이유를 생각해 보았습니다. 우선 무기에서 큰 차이가 있었던 것이 사실입니다. 그리고 우리가 잘하는 것은 관군을 농민군이 싸우기에 유리한 곳으로 끌어들여 기습적으로 공격하는 것인데, 우리가 인원수만 믿고 정면으로 공격하는 바람에 작전상 큰 실수를 하고 만 것입니다. 게다가 양반층이 우리를 도와주지 않았어요. 양반들은 일본군보다 신분 평등을 주장하는 우리가 더 싫었다고 하더라고요. 에이~ 답답한 사람들!

결국 전봉준은 전라도 순창에서 체포되어 서울로 압송되었지요. 서울로 올라온 전봉준은 41세의 나이로 처형당하였어요. 이렇게 동학 농민 운동은 실패하고 말았어요. 하지만 동학 농민 운동은 신분 차별과 봉건적 악습을 없애려 한 반봉건 운동이자 외세의 침략을 물리치려 한 반외세 민족 운동이라는 점에서 큰 의미가 있답니다.

동학 농민군이 발명한 장태!

일제의 총알도 막아 낸다!
농민들의 손으로 만든 방어용품을 소개합니다.

황토현 전투에서 승리를 거둔 전봉준은 생각에 잠겼어요. 농민군이 이겼지만 앞으로 벌어질 전투에서 농민군에게 필요한 것이 무엇일지를 고민한 거예요. 전봉준은 신식 무기로 무장하고 있는 관군을 상대하기 위해 손재주가 있는 농민들을 시켜서 신무기를 개발하도록 했어요. 총에 맞아 죽는 농민군의 피해를 줄이기 위해서였지요.

얼마 후 한 농민이 장태를 응용하여 신무기를 개발해 냈어요. 원래 장태는 대나무를 쪼개 만든 원통형의 물건으로 그 안에서 닭이나 병아리를 키우던 둥지로 쓰였는데, 이 장태 안에 볏집을 가득 채워 굴리면서 관군의 탄환을 막아 내는 데 쓰자고 한 거예요. 농민들이 쓰던 생활 도구를 이용해 총알을 막는 방어용품을 만든 셈이죠. 동학 농민군은 이 장태를 활용하여 이후에 벌어진 황룡촌 전투에서 승리를 거둘 수 있었답니다.

▲ 장태

▶ 장태를 굴리는 농민군

 스페셜뉴스 취재 수첩

천도교로 거듭난 동학

동학 농민 운동의 실패 후 동학은 어떻게 되었을까요?

조선 조정에서는 동학을 심하게 탄압했어요. 조선의 지배층 입장에서는 신분 평등을 주장하는 인내천 사상이나 조선을 부정하고 후일 더 좋은 세상이 올 것이라는 후천 개벽 사상을 주장하는 동학을 절대로 가만히 둘 수 없었던 거지요. 제3대 교주였던 손병희는 지하에 숨어서라도 동학을 키우기로 결심했어요. 하지만 이것도 쉬운 일은 아니었죠.

일본도 동학교도들이라면 이를 갈았거든요. 일본은 죽을 것을 뻔히 알면서도 격렬하게 저항해 오던 동학교도들을 뿌리채 뽑아 버리려고 했어요. 일본이 동학의 숨통을 점점 더 조여오자 손병희는 하는 수 없이 1901년에 중국 상하이로 망명을 떠났어요. 중국에서는 이상헌이라는 가명으로 활동하며 미래를 기약했어요. 손병희가 중국에 간 사이, 국내에 남아 있던 동학 조직 중 몇몇 사람은 일제의 꼬드김에 넘어가 친일파인 일진회와 활동을 같이 했어요. 반외세를 주장하며 일본군에 맞서 싸웠던 동학인데 말이에요. 이런 상황을 가만 두고 볼 수는 없었던 손병희는 국내에 돌아와 동학 세력에 있던 친일파를 내쫓고, 동학의 이름을 종교 단체의 이름인 '천도교'로 바꾸었어요.

손병희는 천도교를 이끌며, 일제의 지배에서 벗어나는 길은 교육에 있다고 보고 민중을 교육하고 문화를 육성시키는 일에 힘썼어요. 이후 동학의 정신은 항일 의병 운동과 3.1 운동 등으로 이어졌지요. 손병희는 3.1 운동 당시 독립 선언식을 한 33인 중 한 사람으로 이름을 올렸고, 동학은 천도교로 지금까지 이어져 오고 있답니다.

▼ 충북 청원군에 있는 손병희의 생가

 고종훈의 한국사 브리핑

사건 핵심 분석 ▶ 동학 농민 운동

QR 코드를 찍으면 고종훈 선생님의 강의를 볼 수 있어요.

시기 ▶ 1894년
사건명 ▶ 동학 농민 운동
동학 농민군의 소망 ▶ 농민이 주인이 되는 세상을 만들자!
동학 사상을 한마디로 표현하면 ▶ 인내천
가장 슬펐던 순간 ▶ 지도자 전봉준이 체포될 때
역사적 중요도 ▶ ★★★★☆
시험 출제 빈도 ▶ 높음

경주의 몰락 양반 최제우가 동학을 창시했어요.

동학의 핵심 사상은 '인내천'이에요. '사람이 곧 하늘'이라는 뜻으로, **인간 존중, 인간 평등사상을 담고 있죠. 동학은 지배층의 수탈로 시름에 빠졌던 백성들 사이에 빠르게 확산되었어요.** 하지만 당시 정부에서는 동학을 옳지 않은 종교로 보고 동학을 창시한 최제우를 사형에 처했어요.

최제우 죽음 후, 2대 교주 최시형에 의해 동학은 확산되었어요.

조선 후기 탐관오리들은 백성들을 더 괴롭혔습니다. 참다못한 백성들은 봉기를 일으켰어요. 1894년 **고부 농민 봉기를 시작으로, 전라도 전역으로 확대되었습니다.** 그러자 정부는 동학군에게 화해를 청하고 '전주 화약'을 맺었어요.

일본군에 대항해 2차 농민 봉기가 일어났어요.

동학 농민 운동 후, 일본이 청일 전쟁을 일으켜 조선을 침략하려 했어요. 이를 지켜보고만 있을 수 없었던 동학 농민군은 1894년 9월 **전주에서 다시 봉기를 일으켰고, 11월 공주 우금치에서 정부군과 일본군 대 농민군이 맞서게 되었어요.** 하지만 정부군과 일본군의 연합에 의해 농민군은 거의 몰살당하고 말았습니다.

사건 관계 분석

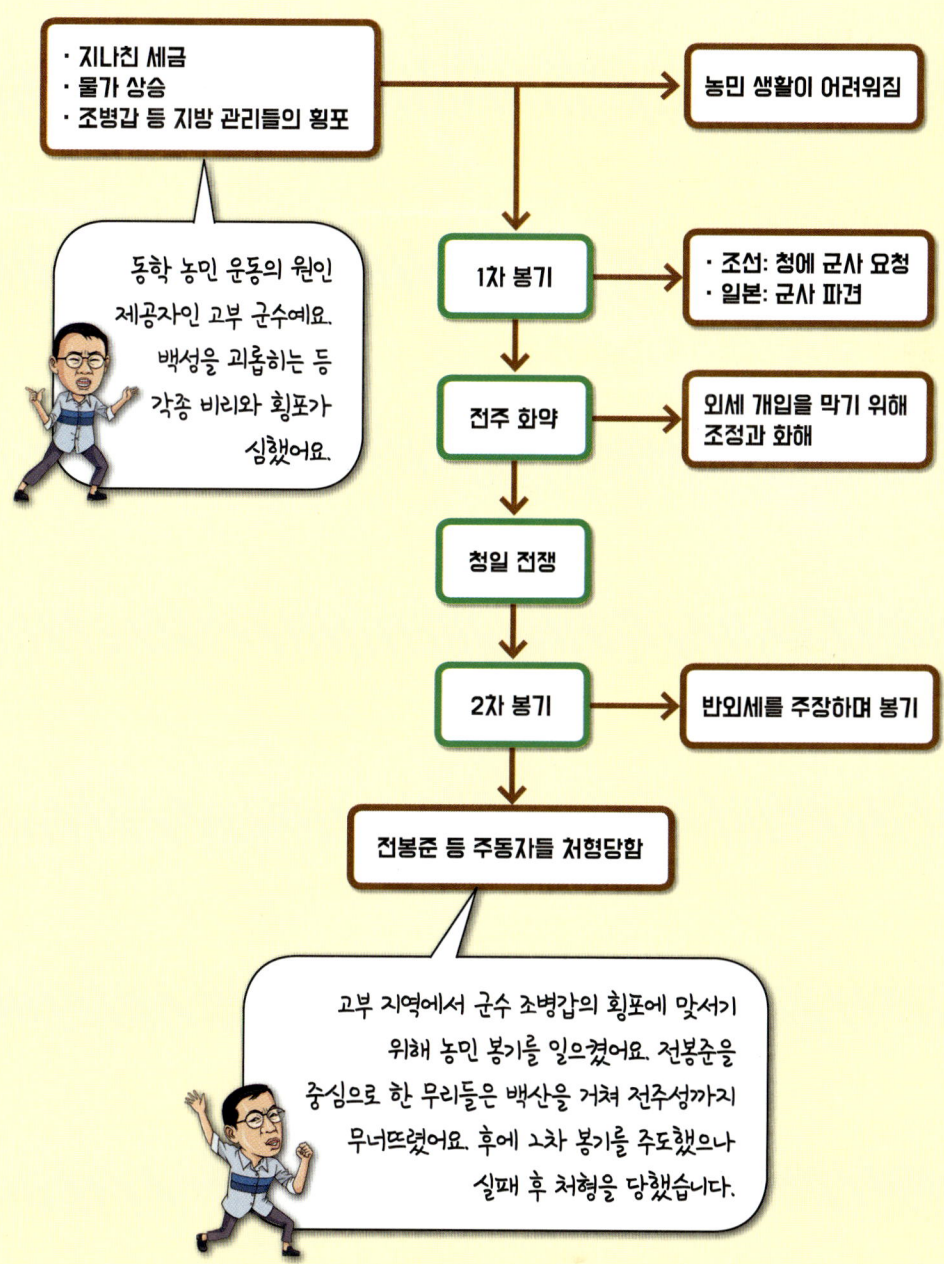

08 갑오개혁

근대 국가를 향하여

시대 1894년

타임라인 뉴스

1894 동학 농민 운동이 일어나다

1894.7. 군국기무처를 중심으로 갑오개혁을 실시하다

1894.8. 과거제를 폐지하다

1894.10. 전국적으로 무게와 길이 등의 단위를 통일하다

1894.12. 화폐를 세금의 기본 단위로 삼다

1 심층 취재

동학 농민 운동이 실패로 끝난 후 백성들은 기운을 잃은 모습입니다. 그런데 조선 조정이 새로운 개혁을 시작하면서 동학 농민 운동의 정신을 일부 반영하겠다고 하는군요. 과연 얼마나 반영할 것이며, 새로운 사회의 모습은 어떠할지 김역사 기자가 취재했습니다.

시청자 여러분, 동학 농민 운동 때 조선 정부가 청에 도움을 요청해 청 군대가 들어오고, 뒤이어 바로 일본 군대가 들어왔던 것을 기억하십니까? 농민군을 진압한다는 이유로 들어온 청군과 일본군은 농민군이 자진해서 해산하자 더 이상 조선에 머무를 이유가 없어졌어요. 그런데 일본은 군대 철수를 거부하고 도리어 조선에 내정을 개혁하라고 요구했어요. 청과 친하게 지내는 세력을 내쫓겠다는 속셈이었지요.

민씨 정권은 왜 남의 나라 **내정**에 간섭을 하냐며 이를 거부했어요. 그리고 교정청이라는 기구를 만들어 개혁을 추진하려 했지요. 일본은 이를 핑계로 경복궁을 공격해 고종이 머무는 건청궁까지 장악하고, 김홍집을 앞세운 친일 정권을 세웠어요. 그러고는 청군을 공격하여 **청일 전쟁**을 일으켰어요. 청을 몰아내야 한반도에서 확실한 우위를 점할 수 있

조선 조정에 새로운 바람이 불고 있는 듯합니다.

김역사 기자

내정
국내 정치

청·일 전쟁
조선의 지배를 둘러싸고 중국(청)과 일본 간에 벌어진 전쟁(1894~1895년)

6조 체제
이조·호조·예조·병조·형조·공조로 이루어진 조선의 중앙 기구를 말해요.

8아문
내무아문·외무아문·탁지아문·법무아문·학무아문·공무아문·군무아문·농상아문을 말해요. 현대의 정부처럼 정부가 해야 할 일을 8개 분야로 나누었다고 생각하면 돼요.

으니까요. 그러는 한편 일본은 민씨 정권이 개화를 위해 세운 교정청을 없애고 군국기무처라는 기구를 만들어 여러 개혁을 진행했어요. 이 개혁을 바로 갑오개혁이라고 한답니다.

군국기무처에서 일한 개화파 관리로는 김홍집, 박정양, 김윤식, 유길준 등이 있어요. 이들은 조선의 근대화를 위해 다양한 개혁 정책들을 내놓았어요. 그 내용을 김홍집 씨에게 직접 들어보겠습니다.

김홍집

안녕하세요. 저희가 좀 똑똑한 편이라, 나름 훌륭한 정책들을 내놓아서 자랑 좀 하려고 나왔습니다. 우선 조선 초기부터 있던 **6조 체제**를 확 바꾸어 **8아문**으로 정리했어요. 궁내부라는 것을 만들어 왕실 업무는 이곳에서 전부 처리하게 했죠. 한 가지 더! 왕실은 국정 운영에 개입할 수 없게 했어요. 지금이 어느 시대인데 왕실과 국가를 혼동합니까? 어때요, 현대의 정부 구조와도 비슷하죠?

말도 많고 탈도 많던 과거제도 단칼에 없앴어요. 물론 공자님 말씀을 공부하는 것도 중요하지요. 유학은 훌륭한 학문이에요. 하지만 그런 학문은 사실 근대화에는 큰 도움이 되지 않거든요. 그래서 국문, 한문, 수학, 국내 정치 등 실용적인 학문을 기준으로 관리를 뽑기로 했어요. 이제 유학은 많이 쇠퇴할 거예요.

유길준

제가 보충 설명하겠습니다. 가장 눈에 띄는 정책은 바로 신분 차별 폐지라는 거죠. 양반이 아닌 서자나 무인, 심지어 천인도 능력만 있다면 정부를 위해 일할 수 있게 된 거예요.

108 갑오개혁 | 근대 국가를 향하여

조혼도 금지했어요. 한창 공부하고 배워야 할 나이에 결혼을 하는 것은 나라를 위해서나 개인을 위해서나 좋은 일은 아니잖아요. 그래서 남자는 20세, 여자는 16세가 되어야만 결혼을 할 수 있도록 했지요. 또, 과부도 재혼을 할 수 있게 했어요. 이런 정책들은 모두 여성의 **인권** 향상에 큰 도움을 줄 것이라고 생각합니다.

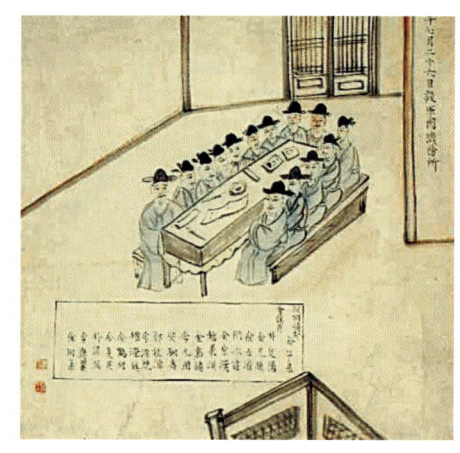
▲ 군국기무처 회의 장면

그런데 이런 주장은 어디서 들어본 적이 있다구요? 맞습니다. 바로 동학 농민 운동 때 발표된 「폐정 개혁안」에도 있었어요. 그만큼 일반 백성에게 꼭 필요한 것들을 우리가 정책으로 만들었다고 생각하시면 될 거예요.

조혼
어린 나이에 결혼하는 풍습

인권
인간으로서 당연히 가지는 기본적 권리

말씀 잘 들었습니다. 동학 농민 운동 세력과 갑오개혁을 추진한 세력의 생각이 통하는 면이 있었네요. 그럼에도 불구하고 동학 농민 운동 세력은 개화파를 일본의 꼭두각시로 여겼고, 개화파가 동학 농민 운동을 짓밟았다는 사실은 참으로 안타깝습니다.

2 헤드라인 뉴스

갑오개혁, 한계를 드러내다!

갑오개혁이 조선에 새로운 기운을 불어넣고 있습니다. 하지만 한쪽에서는 갑오개혁에 대한 비판의 목소리 또한 높아지고 있는데요. 그렇다면 갑오개혁을 비판하는 내용에는 어떤 것들이 있을까요? 이에 대해 취재를 마치고 돌아온 김역사 기자가 자세히 알려 드립니다.

갑오개혁을 이끌었던 세력은 일본이 앞세운 사람들이었습니다.

김역사 기자

앞 뉴스에서 보신 바와 같이 갑오개혁은 일본이 세운 김홍집 내각에 의해 이루어졌습니다. 청일 전쟁에서 승리를 확신한 일본은 군국기무처를 폐지하고, 일본에서 망명 생활을 하던 박영효를 끌어들여 더욱 강력한 개화 정책을 추진했어요. 2차 개혁이 시작된 거지요.

박영효는 일본의 지원을 받으면서도 조선에 유리한 개혁을 주도하며 여러 정책들을 발표했어요. 우선 지방 제도를 크게 바꾸고 우편과 경찰 제도를 정비했어요. 사법 제도도 마련하고 교육 기관을 만들어 일본에 유학생도 보냈지요. 또, 일본은 고종으로 하여금 개혁 정신을 담은 「홍범 14조」도 발표하도록 했어요.

개혁 내용을 조금 더 자세히 살펴볼까요? 먼저 지방관 제도의 개혁입니다. 조선의 지방관은 고을을 다스리면서 죄인을 심판하고 벌을 줄 수 있었어요. 이때 지방관은 아무래도 양반이나 지주들 편에 서서 재판을 했어요. 당연히 농민이 억울한 일을 당하는 일이 **비일비재**했죠. 그래서 지방관에게서 재판권을 빼앗아 권한을 축소시켰답니다.

경제 분야의 개혁도 이루어졌어요. 그동안은 토지에 매기는 세금 외에도 갖가지 이름을 붙여 세금을 거두어 갔는데요. 1차 개혁인 김홍집 내각 시절 이것을 모두 정리하고 쌀이 아닌 돈으로 세금을 내도록 했지요. 세금을 돈으로 내는 것이 지금이야 당연하지만 당시로서는 엄청난 일이었어요. 하지만 조선은 세금으로 낼 화폐가 부족한 상태였고, 다시 돈을 만들 수도 없는 형편이라 어쩔 수 없이 일본 화폐를 사용하게 되었어요. 일본 돈이 마구 쓰이게 되면서 조선 백성들은 더 살기가 힘들어졌죠. 일본인들이 조선에서 편하게 장사를 할 수 있게 된 셈이니까요.

또, 2차 개혁 때는 누구나 장사를 할 수 있도록 왕실이나 정부의 보호를 받던 상인들의 특권을 없애버렸지요. 정부의 보호를 받던 특권 상인들이 없어지자 아무런 제약 없이 외국 상품이 거래되어 조선은 더 힘들어졌어요.

이처럼 갑오개혁은 조선이 근대 국가로 나아가기 위한 정책을 발표하기도 했지만 여기저기서 한계를 드러내고 있었어요.

우선 개화 정권은 군사력을 갖지 못했다는 큰 문제가 있어요. 일본이 경복궁을 포위한 이후 조선의 무기를 빼앗고 군대를 해산시켜 버렸어요. 그래서 개화파는 자신들을 보호해 줄 군사력을 확보하지 못하고 일본에 의지해야 했지요. 또, 조선 백성의 대부분을 차지하는 농민들에게 중요한 문제인 토지 제도의 개혁이 빠져 있다는 점도 안타까운 일이에요.

홍법 14조
일본 세력을 배경으로 갑오개혁을 실시한 후 개혁의 정신을 담아 선포한 우리나라 최초의 헌법

비일비재
같은 현상이나 일이 한두 번이나 한둘이 아니고 많음

개화의 중심 인물에서 친일파로 전락한 박영효

김역사 기자

우리 근대사에 자주 등장하는 인물이 바로 박영효입니다. 혹시 박영효가 철종의 사위였다는 사실을 알고 계신가요? 박영효를 친일파로 기억하는 분들은 없으신가요? 소용돌이 치는 시대의 변화를 온몸으로 겪으며 살았던 박영효의 삶을 되짚어 봅니다.

박영효는 조선 말 손꼽히는 양반의 집안에서 태어났어요. 열두 살 때에는 철종의 딸인 영혜 옹주와 결혼했지요. 이제 박영효는 가만히 있어도 출세할 수 있는 길이 열린 셈이었어요. 하지만 박영효는 현실에 만족하지 않았어요. 선배 개화파인 박규수, 유대치, 오경석 등과 함께 조선의 개화를 꿈꾸게 되었지요.

박영효가 스물세 살 되던 해에 일본에 갈 기회가 왔어요. 임오군란 후 수신사로 임명된 거예요. 그는 일본 시찰을 떠나는 민영익, 김옥균 일행과 동행하게 되었죠. 이때 처음으로 태극기를 사용했다고 해요. 박영효는 일본에 머무르는 동안 커다란 감명을 받았어요. 일본은 일찍 서양의 과학 문명을 받아들여 모든 분야가 눈부시게 발전하고 있었거든요. 박영효는 이 시기에 비로소 세계 정세에 눈을 뜨게 되었지요.

박영효는 개화파 사람들과 함께 우정총국 개국 축하연을 이용해 개화 정부를 수립하기로 했어요. 바로 갑신정변이죠. 처음에 갑신정변은 성공하는 듯 보였고 박영효는 새로운 정부에서 중요한 자리를 맡았어요. 그러나 청군의 개입으로 정변은 3일 천하로 끝이 났고, 박영효는 김옥균, 서광범, 서재필 등과 함께 일본으로 망명했어요.

1894년 박영효가 망명한 지 10년이 되던 무렵 동학 농민 운동과 청일 전쟁이 일어났어요. 일본은 박영효를 이용하기 위해 그가 귀국할 수 있도록 도와주었죠. 비록 일본에 의해 개화 정부의 일인자가 되었지만 박영효는 평생 그가 소원하던 조선의 근대화를 위해 다방면으로 노력했어요. 하지만 일본의 바람과는 다르게 박영효는 일본의 말을 고분고분 듣지 않않았어요. 결국 일본은 그에게 반역을 일으켰다는 죄목을 씌워 내쫓아 버렸답니다.

1910년 8월 29일은 조선이 일본의 식민지로 전락한 치욕스런 날이었어요. 조선이라는 나라가 망한 거예요. 조선을 위해 목숨을 걸고 뛰었던 박영효는 아마 조국의 미래에 대해 크게 실망한 모양이에요. 그해 10월, 일제는 박영효에게 후작이라는 큰 작위를 내려주었어요. 한마디로 박영효는 친일파가 된 거예요. 이제 그는 일본의 정책을 선전하고 다녔죠. 3.1운동을 준비하던 손병희 등 친한 사람들이 박영효를 찾아와 민족 대표로 참여해달라고 요청했지만 그는 끝내 이를 거절했어요.

1925년에 박영효는 일제로부터 훈장까지 받았어요.
명문 양반가의 아들로 태어나 출세를 뒤로 하고 조선의 근대화를 목표로 뛰었던 박영효.
그러나 이후 그는 친일의 길을 걸었지요. 당시 박영효의 생각은 어떠했을지 궁금합니다.

고종훈의 한국사 브리핑

사건 핵심 분석 ▶ 갑오개혁

QR 코드를 찍으면 고종훈 선생님의 강의를 볼 수 있어요.

시기 ▶ 1894년
사건 지도자들 ▶ 일본이 세운 김홍집 내각
사건명 ▶ 갑오개혁
갑오개혁이 추구한 것 ▶ 모두가 평등한 세상
백성들의 말말말 ▶ 무슨 꿍꿍이가 있는 거 아닐까?
연관 검색어 ▶ 홍범 14조, 노비 해방, 신식 교육
역사적 중요도 ▶ ★★★★☆
시험 출제 빈도 ▶ 높음

동학 농민 운동으로 일본과 청의 군대가 조선에 들어왔습니다.

1894년 동학 농민 운동이 일어났어요. 조선은 독자적으로 농민 봉기를 진압할 능력이 없자 청에게 도움을 요청했지요. 이에 **청이 아산만에 상륙하였고 일본도 덩달아 1만 명 이상의 군대를 이끌고 왔습니다.**

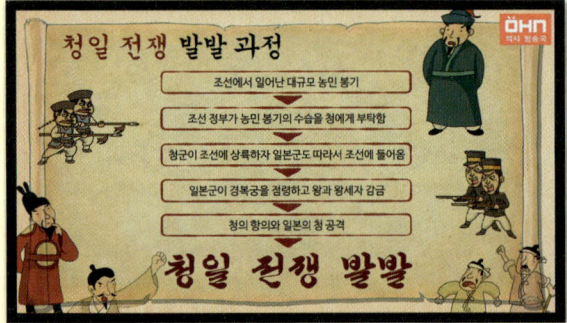

동학 농민 운동을 진압하면서 청일 전쟁이 일어났어요.

일본은 세력을 확장하기 위해 경복궁을 포위하고 왕과 왕세자를 감금했어요. 이 사건으로 청은 일본의 행동에 강한 불만을 품었어요. 그러자 **일본은 청을 공격했습니다.** 이를 청일 전쟁이라고 합니다. 일본은 전세가 유리해지자, 조선에 갑오개혁을 강요했어요.

일본은 김홍집을 중심으로 갑오개혁을 추진했어요.

김홍집의 주요 인사들은 군국기무처라는 기구를 세우고, 갑오개혁을 추진했어요. 1차와 2차 갑오개혁으로 조선은 정치, 경제, 사회 문화 등 모든 면에서 변화하여 근대적으로 탈바꿈하는 계기가 되었어요. 그러나 일본의 압력으로 진행되었다는 아쉬움이 남습니다.

1 헤드라인 뉴스

삼국 간섭으로 입김이 거세진 러시아

안녕하십니까, 시청자 여러분! 지금 조선을 둘러싼 국제 정세가 심상치 않습니다. 청일 전쟁에서 진 청이 꼬리를 감추자 그 자리를 차지하기 위해 여러 나라가 서로 눈치를 보며 세력을 키워가고 있다는데요. 이 소식을 김역사 기자가 취재했습니다.

김역사 기자

> 한반도를 둘러싼 여러 나라에 대한 소식을 먼저 전해드립니다.

청일 전쟁은 일본의 승리로 끝이 났습니다. 종이 호랑이와 같던 청은 결국 오랫동안 전쟁을 준비한 일본 앞에 무릎을 꿇고 말았던 거예요. 전쟁 후 일본은 청과 시모노세키 조약을 맺어 승리의 대가를 요구했지요. 청에게 막대한 배상금을 달라고 하였고, 청의 영토인 랴오둥 반도(요동 반도)와 타이완을 내놓으라고 한 거예요.

시모노세키 조약 제1조는 조선은 청의 속국이 아니라는 것이었어요. 청과 일본이 맺은 조약에서 조선에 대한 내용이 가장 먼저 나오는 거죠. 조선을 위한 것처럼 보인다고요? 아니에요. 일본의 속뜻은 이제 조선은 청의 속국이 아니니 마음대로 하겠다는 것이에요. 우리로서는 정말 가슴 아픈 일이 아닐 수 없습니다.

시모노세키 조약을 맺은 후 일본은 잔치 분위기였어요. 수천 년에 걸쳐 동아시아에서 강대국으로 호령하던 중국을 작은 섬나라인 일본이 물리쳤으니 스스로도 무척 놀라웠을 거예요. 나아가 일본인들은 청을 대신해 일본이 동아시아를 좌우하게 될 것이라고 생각했어요.

동아시아에서 일본이 급부상하자 서양의 여러 나라는 이를 주시합니다. 특히 청일 전쟁 후 일본이 중국 땅을 일부 가져가자 신경이 곤두서는 나라가 있었어요. 바로 러시아였죠. 당시 러시아는 중국 만주 지역에 눈독을 들이고 있었거든요. 국토의 대부분이 추운 지역인 러시아는 얼지 않는 항구가 있는 지역을 찾고 있었는데, 때마침 청이 혼란해지자 그 틈을 타 랴오둥 반도를 얻고 싶었어요. 그런데 갑자기 일본이 끼어든 것이죠.

러시아는 곧 행동을 시작했어요. 시모노세키 조약에 반대하고 나선 거예요. 얼마 후에는 프랑스와 독일을 끌어들여 랴오둥 반도를 다시 청에게 돌려주라고 일본을 압박했지요. 만약 세 나라의 요구를 들어주지 않는다면 전쟁까지 하겠다면서요.

일본으로서는 불만이 컸지만 아직 러시아를 상대할 실력은 아니라고 판단했어요. 게다가 세계적 강국인 프랑스와 독일까지 한꺼번에 상대한다는 것은 불가능한 일이기도 했고요. 그래서 결국 랴오둥 반도를 청에게 돌려주었지요. 이를 삼국 간섭이라고 해요. 삼국 간섭 이후 동아시아에서는 러시아의 힘이 갑자기 커졌어요. 외교적 힘을 발휘해서 중국을 무너뜨린 일본을 꺾어 놓았으니까요. 이러한 변화는 조선에 어떠한 영향을 끼쳤을까요? 다음 뉴스에서 계속해서 전해 드리겠습니다.

2 헤드라인 뉴스

감히 한 나라의 국모를 죽이다니!

여러분, 믿지 못할 일이 벌어졌습니다. 왕후 민씨가 일본 **낭인**의 손에 죽임을 당했다고 합니다. 한 나라의 왕비를 살해한다는 것이 가당하기나 한 일일까요? 어떻게 그런 생각을 할 수 있었을까요? 정말 슬프고 원통한 일입니다. 김역사 기자에게 마이크를 넘깁니다.

김역사 기자

청일 전쟁에서 일본이 승리한 것은 조선 입장에서도 놀라운 일이었습니다. 조선은 늘 중국으로부터 우수한 문화를 전해 받았고, 일본은 조선의 문화를 받아들이기 위해 애를 쓰던 나라였으니까요. 그런 중국이 일본의 공격에 무너지는 것을 보며 조선은 근대화를 이룩한 일본에게 어쩌면 두려움마저 느꼈을지 몰라요.

그런 일본이 꼬리를 내리는 일이 벌어졌어요! 바로 삼국 간섭! 청일 전쟁 이후 청을 압박해 얻어낸 땅인 랴오둥 반도를 일본은 군소리 없이 다시 청에게 돌려준 거예요.

호시탐탐 조선을 노리던 일본을 막기 위해 청에 의지해 왔던 왕후 민씨는 삼국 간섭을 계기로 새로운 국제 정세에 눈을 뜨게 되었어요. 러시아의 힘을 빌리면 일본을 견제할 수 있을지도 모른다고 생각한 거지요.

을미사변 | 조선의 국모를 시해한 일본

고종 역시 일본이 앞세운 친일 내각이 시행한 갑오개혁으로 왕권이 약화된 것이 내심 불만이었는데, 러시아 세력을 끌어들이면 다시 왕권을 강화할 수 있을지도 모른다는 희망을 품게 되었어요. 그리하여 고종과 왕후 민씨는 한성에 들어와 있던 러시아 **공사** 베베르와 친분 관계를 쌓기 시작했어요. 베베르 또한 커피와 서양 과자 등을 선물하며 예의바른 태도를 보여 고종과 왕후 민씨의 호감을 살 수 있었지요.

일본은 조선 왕실이 일본을 멀리하고 러시아와 친하게 지내는 게 못마땅했어요. 그리고 이러한 조선의 태도에는 왕후 민씨의 입김이 작용하고 있다고 판단했어요. 일본은 조선을 침략하는 데 가장 큰 걸림돌이 왕후 민씨라고 생각했어요. 결국 일본은 왕후 민씨를 죽이기로 했어요.

1895년 10월 8일(음력 8월 20일) 새벽 5시, 흥선 대원군이 경복궁 안으로 막 들어서고 있었어요. 일본이 일부러 흥선 대원군을 경복궁으로 유인했거든요. 이 사건의 책임을 떠넘기기 위해서죠. 이때 흥선 대원군이 궁궐에 들어가는 것을 막으려는 궁궐 수비대와 흥선 대원군을 호위하던 일본인과 조선인으로 구성된 호위대 사이에 실랑이가 벌어졌고 이 과정에서 총까지 쏘게 되었어요.

이렇게 어수선한 틈을 타 경복궁 안으로 숨어든 사람들이 있었어요. 일본인 낭인들이었죠. 그들은 왕후 민씨가 있는 곳을 찾아 궁궐 안쪽으로 달려갔지요.

같은 시각, 일본인 자객들이 자신을 찾아 궁궐 안을 뒤지고 있다는 소식을 전해 들은 왕후 민씨는 왕비의 옷 대신 상궁의 옷을 입고 **궁인**들 무리 속에 섞여 있었어요. 그러나 결국 정체가 들통이 나 왕후 민씨는 일

낭인
일정한 직업이 없이 이리저리 떠돌아다니며 빈둥빈둥 노는 사람

공사
국가를 대표하여 파견되는 외교 사절

궁인
궁궐 안에서 왕과 왕비를 가까이 모시는 사람을 통틀어 이르는 말

▲ 을미사변 당시 왕후 민씨가 시해당한 경복궁 건청궁 건물이에요.

본 자객들의 칼에 목숨을 잃었어요. 이들은 자신들이 왕후 민씨를 죽였다는 증거를 남기지 않기 위해 경복궁 뒤쪽의 야트막한 산에서 왕후 민씨의 시신을 불에 태우기까지 했어요.

조선은 왕비를 살해한 사람들을 처벌하지도 못했어요. 심지어 흥선 대원군이 사이가 나쁜 며느리를 죽인 것이라며 모함을 받기도 했어요. 자객들은 자신들이 일본인이라는 이유를 대며 일본에 가서 재판을 받겠다고 주장했지요. 이런 일이 가능했던 것은 강화도 조약에 포함된 치외법권 조항 때문이었어요. 결국 이들은 일본으로 돌아갔고 그곳에서 증거 불충분으로 모두 무죄로 풀려났지요.

고종에게 왕후 민씨는 사랑하는 아내이자 정치적 조언을 아끼지 않는 동지였어요. 왕후의 죽음으로 고종이 느끼는 슬픔은 아마 말로 표현할 수 없을 정도였을 거예요. 고종은 일본에 사건 관련자들을 조선 측에 넘기라고 끊임없이 요구했지만 일본은 결국 들어주지 않았어요.

러시아를 끌어들여 일본을 견제하려 했던 고종과 왕후 민씨의 외교 노력은 왕후 민씨가 **시해**당함으로써 끝이 나고 말았습니다. 이상 경복궁 현장에서 김역사 기자가 전해 드렸습니다.

시해
부모나 임금을 죽임

을미사변 | 조선의 국모를 시해한 일본

3 인물 초대석

을미사변 이후 조선 조정에서는 또 한 번의 개혁이 실시될 예정이라고 합니다. 갑오개혁으로 조선이 어느 정도 근대적 모습을 갖추게 되었는데 이번 개혁을 통해 조선은 또 어떤 모습으로 변하게 될까요? 이번 개혁을 양반들은 어떻게 받아들이는지 알아보겠습니다.

표정이 몹시 안 좋으신대, 무슨 일이라도 있으셨나요?

안녕하시오. 나는 조선을 대표하는 선비 최고야라고 하오. 을미사변을 겪으며 분통이 터져 살기 힘들던 참에 조선 조정이 개혁이랍시고 어처구니없는 일을 벌이고 있어서 한마디 하려고 나왔소.

최고야

아, 그러시군요. 대체 을미사변 이후 어떤 일이 있었나요?

우리 국모를 죽인 원수 일본이 을미사변 이후 바로 친일 정권을 수립합디다. 내 그럴 줄 알았어요. 왕후 민씨가 있을 때는 러시아 쪽과 친한 사람들이 정권을 잡고 있었잖아요. 그러니 판이 뒤집힌 새에 얼른 친일 정권으로 바꾸는 것은 일본 입장에서 보면 당연한 일이라고 생각합니다.

일본은 친일 정권을 세워 무엇을 하려는 걸까요?

일본은 예전부터 일본의 메이지 유신과 같은 방법을 통해 근대화를 이루어야 한다고 주장했던 김홍집을 또 앞세웠습니다. 이를 통해 일본의 입맛에 맞는 개혁을 시도하려 한 걸 알 수 있어요. 이것이 바로 을미개혁이에요. 그리고 일본은 혹시나 고종이 다른 나라나 다른 세력과 연락을 취하지는 않는지 사사건건 간섭하고 감시하고 있다고 합니다. 나쁜 놈들!

> **내각**
> 국가의 행정권을 담당하는 최고 합의 기관
>
> **훼손**
> 헐거나 깨뜨려 못 쓰게 만듦

김홍집 내각에서는 어떤 일을 했는지 궁금한데요. 설명 부탁드립니다.

그 전에 한 가지 사실을 먼저 알려드리리다. 김홍집 내각이 들어서고 얼마 후 김홍집, 유길준, 정병하가 고종을 찾아갔어요. 당시 경복궁에는 무장한 일본 군인이 대포까지 준비해 놓고 버티고 있었지요. 고종은 이들을 보자마자 이렇게 호통을 쳤다고 합니다.

"나는 머리카락을 자르지 않겠네. 상투를 트는 것은 우리 조선의 전통이 아닌가? 예의를 중시하는 조선에서 부모에게 물려받은 머리카락을 자른다는 것은 있을 수도 없는 일이네. 신체를 함부로 **훼손**해서는 안 된단 말일세."

하지만 김홍집과 유길준도 물러나지 않았다더군요.

"건강과 위생을 위해서 머리카락을 자르는 것입니다. 강대국인 서양도 모두 머리 모양이 짧습니다. 계속 옛것을 고집하는 것은 결코 현명한 일이 아닙니다."

일본이 감시하고 있던 터라 고종께서는 더 이상 버티지 못하고 머리

을미사변 | 조선의 국모를 시해한 일본

카락을 잘랐습니다. 정병하가 가위로 고종의 상투를 잘랐고, 유길준은 세자의 머리카락을 잘랐지요. 고종이 머리카락을 자르자마자 김홍집은 전국에 **칙령**을 내려 단발을 명했지요. **단발령**이 내려진 거예요.

단발령에 대한 조선 선비들의 반대가 만만치 않았을 것 같은데요?

성리학에서는 머리카락도 부모에게서 받은 것이므로 소중히 하라고 가르치고 있습니다. 성리학을 최고의 학문으로 알고 있는 선비들에게 단발을 하라니요? 이건 내 부모를 무시하라는 명령이나 같은 의미 아닙니까? 당연히 나와 같은 선비들은 거세게 반대를 했지요.

하지만 일본은 콧방귀도 뀌지 않았어요. 일본 경찰들이 조선 사람들의 상투를 마구 잘라대자 반일 감정이 더 격해졌어요. 개항 이후 우리 것을 야금야금 빼앗아가는 일본이 못마땅하던 차에 을미사변을 일으켰지, 을미개혁이랍시고 단발을 하라 하지! 우리는 결국 의병을 조직해 일제에 대항했습니다.

아, 또 하나 특징적인 정책이 있지요. 조선에서는 전통적으로 **음력**을 사용했는데 을미개혁으로 **태양력**을 사용하게 되었습니다. 조선의 전통을 전부 무시한 것이 바로 을미개혁이라고 생각하면 될 겁니다.

을미개혁으로 조선의 전통은 이제 역사 속으로 사라질 것 같네요. 선비 최고야 씨와 가졌던 인물 초대석 시간을 마칩니다. 이상 김역사 기자였습니다.

칙령
임금이 내린 명령

단발령
을미개혁의 일환으로 상투 풍속을 없애고 머리를 짧게 깎도록 한 명령

음력
달이 기울고 차는 것을 기준으로 한 달을 정하는 달력

태양력
지구가 태양의 둘레를 한 바퀴 도는 것을 기준으로 1년을 삼아 만든 달력으로, 오늘날 우리가 사용하는 달력을 말해요.

123

조선 국모의 심장을 찌른 칼, 히젠도

작전명 '여우 사냥'.

 일본 낭인들에 의해 왕후 민씨가 시해되던 날, 낭인들 사이의 암호가 여우 사냥이었습니다. 여기서 여우가 바로 왕후 민씨를 뜻하죠. 우리나라 사람으로서는 참으로 치욕스럽습니다.

 당시 고종은 빠르게 변화하던 정치 상황 속에서 아내의 장례식도 제대로 치르지 못하고 있다가 2년 2개월이나 흐른 뒤 명성 황후라는 시호를 내리고 성대한 장례식을 치러주었어요. 시신이 불에 탔고, 시간이 많이 흐른 탓에 관에는 명성 황후가 입던 옷을 몇 가지 넣었다고 해요.

 그런데 여러분, 왕후 민씨를 살해한 칼이 일본의 한 신사에 기증되어 있다는 사실을 알고 있나요? 일본 후쿠오카 시내에 있는 쿠시다 신사에는 왕후 민씨를 살해한 칼이 지금까지 보관되어 있어요. 전체 길이 120cm, 칼날 90cm의 칼로, 나무로 된 칼집에는 이 칼이 왕후 민씨를 죽일 때 사용되었음을 알 수 있는 글자가 새겨져 있어요.

> "一瞬電光刺老狐(일순전광자노호)"
> 늙은 여우를 단칼에 찔렀다.

 이 문구는 칼 주인이 왕후 민씨를 살해한 것을 기념하기 위해 새긴 것이라고 해요. 우리로서는 분노가 일어나는 문구입니다. 이 칼은 일본의 칼 장인이 만든 매우 뛰어난 칼로 '히젠도'라고 불러요. 만들 때부터 전투에서 사용하기 위한 것이 아니라 사람을 죽이기 위한 용도로 만든 칼이라고 합니다. 이 칼은 왕후 민씨를 살해한 것으로 추정되는 사람 중 한 명인 토오 가쯔아끼가 기증한 것이에요. 기증 물품을 받을 때 그 물품에 대하여 기록하는 책에도 '이 칼로 조선의 왕비를 베었다.'라고 쓰여 있다고 해요. 일본 측 기록에 의하면 왕비의 침실에 난입한 일본 낭인은 세 명이었는데, 이 중 한 명이 왕후 민씨를 처음 찔렀고 토오 가쯔아끼가 두 번째로 칼을 대어 죽였다고 해요.

을미사변 | 조선의 국모를 시해한 일본

토오 가쯔아끼는 조금이나마 양심은 있었던지 이 칼을 신사에 맡기며 다시는 이 칼이 세상에 나오는 일이 없도록 해 달라고 했다는군요. 원래 토오 가쯔아끼는 이 칼을 한 절에 맡기려 했다고 해요. 하지만 절 관계자는 흉기를 절에서 보관할 수는 없다고 말했고, 이 말을 들은 토오 가쯔아끼는 석조 관세음보살상을 시주했어요. 그 불상 옆에는 "1895년 민비 사건이 있었다. 국제 관계의 소용돌이 속에 죽어 간 왕비의 영혼을 위로하기 위해 독지가들이 세웠다."라고 쓰여 있어요.

그리고 토오 가쯔아끼는 늘그막에 몹시 괴로워하며 세상을 등지고 승려처럼 살다가 죽었다고 합니다.

이러한 사실은 '문화재 제자리 찾기' 대표로 있는 혜문 스님에 의해 밝혀졌어요. 혜문 스님은 쿠시다 신사에 다음과 같은 공문을 보내 한 나라의 왕비를 죽인 칼이 버젓이 신사에 보관되어 있는 것은 한국과 일본의 우호 관계에 좋지 않은 일이라고 전하기도 했답니다. 하지만 히젠도는 여전히 쿠시다 신사에 보관되어 있어요.

혜문 스님이 쿠시다 신사에 보낸 편지

우리는 일본의 조선 강점 100년, 안중근 사망 100년을 맞아 귀 신사가 히젠도를 좀 더 바람직한 방법으로 처분해 주시길 제의합니다. 이 물건은 더 이상 일본에 남아서 양국 국민의 감정을 악화시키고, 우호적 한일 관계에 방해가 되어서는 안 됩니다.

귀 신사의 용기 있는 결단으로 한일 관계가 한 단계 진전되는 전기가 마련되기를 진심으로 기원합니다.

2010년 3월

 **고종훈의 한국사 브리핑**

사건 핵심 분석 ▶ 을미사변

QR 코드를 찍으면 고종훈 선생님의 강의를 볼 수 있어요.

- 시기 ▶ 1895년
- 사건명 ▶ 명성 황후 시해 사건
- 피해자 ▶ 왕후 민씨(명성 황후)
- 사건 장소 ▶ 임금이 사는 경복궁 안
- 사건 현장의 모습 ▶ 왕후 민씨가 처참하게 죽임을 당해 차마 눈뜨고 볼 못 지경이었음
- 역사적 중요도 ▶ ★★★★☆
- 시험 출제 빈도 ▶ 높음

일본은 조선의 국모인 왕후 민씨를 시해했어요.
일본은 청일 전쟁에서 승리한 후 조선에 더 깊이 간섭하였어요. 그러자 조선의 왕비 왕후 민씨는 러시아 세력을 끌어들여 일본을 견제하려 했어요. 이에 **일본은 세력 확장에 방해가 되는 황후 민씨를 제거하였어요.** 이를 '을미사변'이라고 해요.

사건 관계 분석

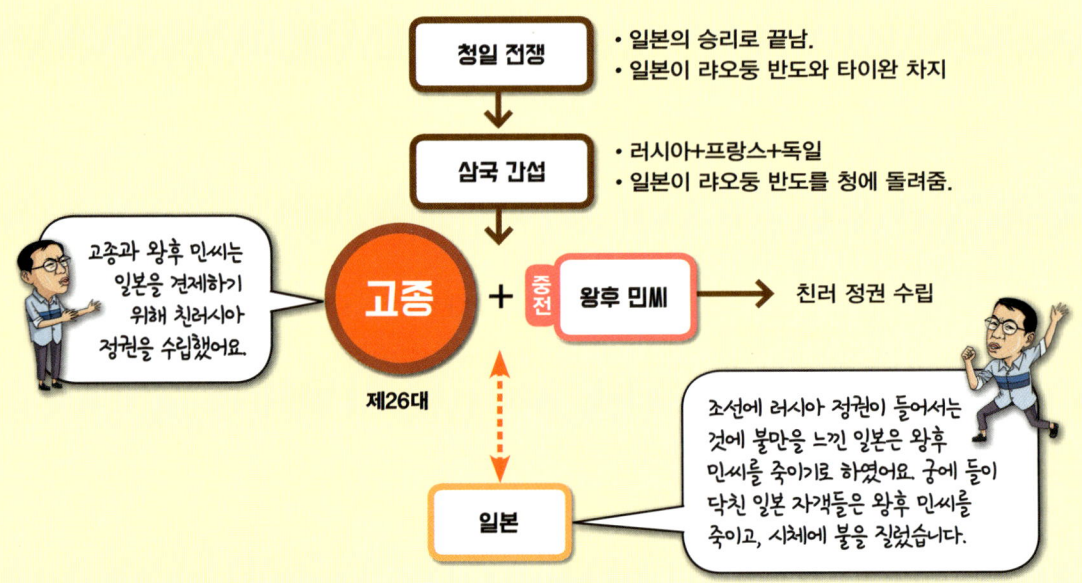

1 인물 초대석

생방송한국사

고종, 러시아 공사관으로 피신하다

을미사변 이후 고종은 일본의 감시 속에서 어떻게 지내고 있을까요? 한 나라의 왕비도 죽인 일본이 과연 고종은 그냥 놔 둘지도 궁금합니다. 그래서 단독으로 고종을 만났습니다. 고종과의 만남은 경복궁이 아닌 러시아 공사관에서 이루어졌습니다.

고종

나는 지금 이곳 러시아 **공사관**에서 지내고 있소. 이제야 조금 마음이 편하군요. 을미사변은 나에게 정말 큰 일이었소. 사랑하는 아내이자 정치적 동지를 잃었으니까요. 이후 일본은 경복궁에 군대를 머물게 하면서 나를 감시했소. 감옥 생활을 하는 것이나 다를 바가 없더이다.

나는 일본이 나 또한 죽일지도 모른다는 생각에 몹시 불안했소. 내 목숨도 목숨이지만 이 나라의 왕위를 이어갈 세자의 목숨도 위협을 받는 상황이었소. 하지만 어디를 보아도 일본 군인뿐이니 내 마음이 어떠했겠소? 대신들이 나를 보러 오가곤 했지만 그들을 내가 어떻게 믿을 수 있겠소? 대신들도 모두 일본이 뽑은 사람들이니….

그렇군요. 그럼 어떻게 러시아 공사관까지 이동하실 수 있으셨는지요? 일본

128 아관 파천 | 러시아 공사관으로 피신한 고종

의 감시를 어떻게 뚫었는지 궁금합니다.

 갑오개혁 때 왕실 사무를 전담하는 기관인 궁내부가 만들어졌지요. 나와 세자가 경복궁을 나서서 러시아 공사관으로 오는 데에는 이 궁내부 관리들인 궁내관들이 큰 도움이 되었습니다. 그리고 친러파 관리인 이범진의 도움이 컸지요.

나는 대신들보다 궁내관들이 더 믿음직스러웠습니다. 대신들의 입장에서는 왕권이 약해져야 자신들한테 조금이라도 도움이 되지 않겠습니까? 그래서인지 나를 힘껏 돕지는 않는 느낌이었소. 그런데 궁내관들은 달랐어요. 이들은 중인 출신들이 많아서 무조건 나에게 충성을 바쳤다오. 그러던 중 이범진이 나에게 와서 친일파 관리들이 나를 폐위시키려 하니 안전한 러시아 공사관으로 잠시 피신을 하는 것이 어떻겠냐고 하길래 너무 두려운 나머지 그에 동의한 것이오.

이들의 도움을 받아 나와 세자는 궁녀들이 타는 자그마한 가마를 타고 경복궁을 나서서 러시아 공사관으로 갈 수 있었소.

아관 파천

당시 사람들은 외국 나라 이름을 한자로 바꾸어 불렀어요. 프랑스는 불란서, 잉글랜드는 영국으로 부르는 것처럼요. 러시아는 아라사라고 불렀지요. 아라사 공사관을 줄여서 아관이라 했고, 파천은 임금이 거처를 옮기는 것을 말해요.

공사관

공사가 주재지에서 사무를 보는 곳을 말해요. 국제법에서 대사관에 준하며, 치외 법권이 있어요. 이때 공사란 국가를 대표하여 파견되는 외교 사절로 대사에 버금가는 직급입니다.

러시아 공사관에서도 국정을 돌보신 것이죠?

 나는 조선의 임금입니다. 내가 어디에 있든 그 사실은 변함없죠. 임금이 국정을 돌보는 것은 당연합니다. 러시아 공사관으로 가서 제일 먼저 한 것은 을미사변에 힘을 보탠 사람들을 모두 내보내는 것이었소. 을미사변 후 일본에 의해 친일파 정권의 관리가 된 사람들도 모두 잘랐소. 여러분들이 잘 아시는 김홍집, 유길준, 어윤중, 정병화 등을 모두 내쫓았소.

김홍집, 정병화, 어윤중

온건 개화파의 중심 인물들로 갑오개혁을 주도했어요. 특히 외교 정책의 책임자로서 대외 교섭을 담당했으며, 격동기 민심 수습과 근대적 제도 개혁에 힘썼습니다.

그럼 쫓겨난 관리들은 지금 어떻게 지내고 있나요?

을미사변과 단발령을 강요한 을미개혁으로 조선의 백성들은 무척 화가 나 있었소. 그래서 이들 중 몇몇은 조선 백성의 손에 죽음을 맞았다오. **김홍집**과 **정병화**는 광화문 네거리에서 친일 정권이라면 이를 갈던 군중들에 의해 죽었다고 들었소.

또한, **어윤중**도 고향인 충청도 보은으로 내려가던 중 경기도 용인에서 백성들이 마구 때려 죽였다고 하오. 당시 조선 백성들의 분노를 짐작할 수 있겠소?

그들이 비참한 최후를 맞았다니 한편으로는 안타까운 마음이 듭니다. 그럼 이곳 러시아 공사관에서는 안전하게 지내고 계신 건가요?

경복궁에서 지내는 것보다야 낫다고 할 수 있지만…. 사실 부끄러운 마음도 있소. 한 나라의 임금이 궁을 버리고 외국 공사관에 와 있다는 것은 집을 버린 아버지와 무엇이 다르겠소. 백성들이 나를 비웃는 소리가 여기까지 들리는 것 같아 마음이 마냥 편치는 않아요. 하지만 이것이 모두 조선 왕실의 보전을 위한 것이니 이해해 주셨으면 하오.

알겠습니다. 고종의 입장에서는 생명의 위협을 느끼는 경복궁보다 러시아 공사관이 어쩌면 더 마음 편할 수도 있겠습니다. 임금도 사람이니까요. 고종의 빠른 환궁을 기원하며 인물 초대석 시간을 마칩니다.

아관 파천 | 러시아 공사관으로 피신한 고종

2 심층 취재

*생방송 한국사

이권 침탈에 열 올리는 열강들

고종이 러시아 공사관으로 옮겨 간 후 조선을 둘러싸고 각국의 외교전이 치열하게 벌어지고 있다고 합니다. 무슨 외교전이냐고요? 주인 없는 나라에서 이익이 되는 사업을 헐값에 따내기 위한 것이라고 하네요. 각국 사절과 함께 이야기를 나누어 보겠습니다.

아직 민주 정치가 시작되기 전인 조선 시대 말에는 임금이 중요한 결정을 내려야 했습니다. 그런데 현재 고종은 어처구니없게도 우리 궁이 아닌 러시아 공사관에서 업무를 보고 있습니다.

안전을 위해 거처를 옮겼다고는 하는데요. 한 나라의 중요한 일을 결정해야 하는 임금으로서 적절하지 않은 행동으로 보이는 것도 사실이지요. 그로 인해 현재 조선은 그야말로 주인 없는 집이나 마찬가지인 신세가 되어버렸기 때문이에요.

이런 상황을 눈치 빠른 외국 대사관이나 공사관이 모를 리가 없을테지요? 모두들 빠르게 움직이며 조선에서 돈이 되는 사업을 넘겨받기 위해 혈안이 되어 있습니다.

우선 가장 먼저 러시아 관리부터 모시고 말씀 들어보겠습니다.

안녕하세요. 심층 취재를 마치고 돌아온 김역사 기자입니다.

김역사 기자

▲ 옛 러시아 공사관의 탑 | 을미사변 이후 고종이 약 1년간 피신하였던 곳이에요. 6.25 전쟁으로 건물은 대부분 파괴되고 현재는 하얀 탑만 남아 있어요.

알렉세이

우리가 조선의 임금을 보호하고 있다는 건 다 아실테고…. 한마디로 가는 게 있으면 오는 게 있어야 하는 거 아닙니까? 이렇게 안전하게 보호해 주는데 우리에게 그 대가를 주는 건 당연하다고 생각해요.

그런데 일본이 아주 재빠르게 움직이더라고요. 한반도 내에서 우리 러시아가 일본보다 우위를 차지할까 봐 안절부절못하던 걸요. 일본은 고종이 빨리 궁으로 돌아가도록 만들기 위한 협상을 제안했어요. 사실 우리는 한반도 자체에는 큰 관심이 없었습니다. 오히려 한반도 위쪽인 만주에 관심이 많았거든요. 그래서 일본과의 협상에서 그리 큰 욕심을 부리지는 않았어요. 그래도 고종을 보호한다는 이유로 조선에 더 많은 군대를 파견할 수는 있었답니다.

이권
이익을 얻을 수 있는 권리

실제로 러시아가 가져간 **이권**은 일본에 비해 많은 것은 아닙니다. 그럼 일본 관리에게 어떤 이권을 가져갔는지 여쭤 보겠습니다.

이시다

고종이 러시아 공사관으로 몸을 피한 아관 파천으로 일본은 깜짝 놀랐습니다. 어떻게 그렇게 여우 같이 경복궁을 빠져 나갔는지! 우리 일본은 아관 파천 이후 러시아에 바로 협상을 하자고

132 아관 파천 | 러시아 공사관으로 피신한 고종

요구했어요. 물론 협상에 유리한 쪽은 고종을 데리고 있는 러시아였죠. 하지만 우리는 러시아가 한반도에 그다지 관심이 없다는 걸 알아챘어요. 일본은 한반도를 지배하는 것이야말로 일본이 살 길이란 걸 알고 있었기 때문에 철저하게 준비했고요.

그 결과 러시아보다 우리가 더 많은 이권을 챙길 수 있었죠. 무엇보다 중요한 것은 일본이 한반도 안의 **전신**선과 철도를 관리할 수 있게 된 거예요. 을미사변으로 국제 정서가 일본에게 불리해져 조마조마했지만 러시아와의 협상을 통해 전신선을 지킬 수 있었죠.

이게 뭐가 중요하냐고요? 전신을 통해 빠르게 소식을 주고받으면 일이 터졌을 때 대처하기가 편하잖아요. 그리고 도청도 할 수 있었거든요. 그럼 제아무리 러시아가 큰 나라라 해도 정보 전쟁에서 일본에 질 수밖에 없어 일본에 유리하게 되지요. 또 철도만 있으면 어디든 빠르게 달려갈 수 있고요.

고종이 러시아 공사관에서 머문 기간은 거의 1년이나 됩니다. 그동안 조선은 임금 대신 권력을 가진 몇몇 신하들에 의해 정치가 좌지우지 되고 있는 상황이었어요. 이제 고종이 우리 궁으로 돌아가야 할 때가 된 것은 아닌가 싶은 생각이 듭니다. 이상 뉴스를 마치겠습니다.

전신
문자나 숫자를 전기 신호로 바꾸어 전파나 전류로 보내는 통신

이 나라 저 나라에 뜯기는 한반도

세상에는 공짜란 없는 법이죠. 조선 왕실을 보호해 준다는 명목으로 러시아는 고종에게 압력을 가하며 갖가지 이권을 챙겼어요. 러시아가 여러 이권을 챙기자 이를 눈여겨보고 있던 미국과 독일도 조선에서 이권을 챙기기에 바빴어요. 아관 파천 시절 어떤 이권이 어떤 나라에 넘어갔는지 알아볼까요?

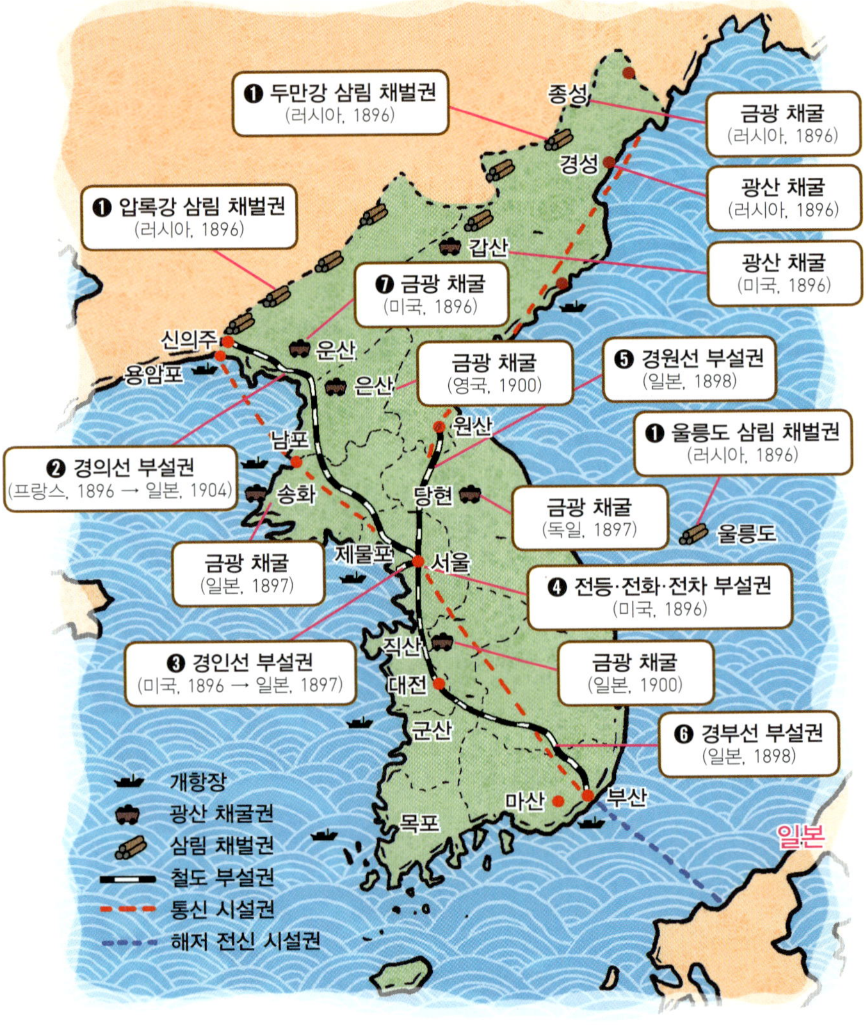

❶ 두만강 삼림 채벌권 (러시아, 1896)
금광 채굴 (러시아, 1896)
광산 채굴 (러시아, 1896)
❶ 압록강 삼림 채벌권 (러시아, 1896)
광산 채굴 (미국, 1896)
❼ 금광 채굴 (미국, 1896)
금광 채굴 (영국, 1900)
❺ 경원선 부설권 (일본, 1898)
❶ 울릉도 삼림 채벌권 (러시아, 1896)
❷ 경의선 부설권 (프랑스, 1896 → 일본, 1904)
금광 채굴 (독일, 1897)
❹ 전등·전화·전차 부설권 (미국, 1896)
금광 채굴 (일본, 1897)
❸ 경인선 부설권 (미국, 1896 → 일본, 1897)
금광 채굴 (일본, 1900)
❻ 경부선 부설권 (일본, 1898)

- 개항장
- 광산 채굴권
- 삼림 채벌권
- 철도 부설권
- 통신 시설권
- 해저 전신 시설권

아관 파천 | 러시아 공사관으로 피신한 고종

❶ 압록강·두만강·울릉도 삼림 채벌권 러시아와 가까운 압록강 및 두만강 유역에 있는 나무를 사용할 수 있는 권리는 러시아가 가지고 갔어요.

❷ 경의선 철도 부설권 경의선은 서울과 신의주를 잇는 철도예요. 처음에는 프랑스 회사에서 이 철도를 짓겠다며 철도 부설권을 가지고 갔지요. 하지만 공사 자금을 만들지 못해 결국 일본으로 넘어갔지요.

❸ 경인선 철도 부설권 경인선은 서울과 인천을 잇는 철도예요. 미국인 J. R. 모스가 건설하기로 계약을 맺었고, 1897년에 공사를 시작했어요. 하지만 곧 자금이 부족하다는 이유로 중단했지요. 그 후 일본이 철도 건설권을 이어 받아 경인선 철도를 완성했어요.

❹ 전등·전화·전차 부설권 전등이 처음 사용된 곳은 경복궁이었어요. 전차는 경인선을 건설하기로 계약한 미국인 모스가 관심을 가지고 있었다고 해요. 이런 사업들은 모두 미국으로 넘어갔어요.

❺ 경원선 부설권 경원선은 서울과 원산을 잇는 철도예요. 프랑스, 독일, 일본이 경원선에 눈독을 들였지만 우리 정부가 내세운 원칙은 '철도와 광산 경영은 일체 외국인에게 불허한다.'는 것이었어요. 그래서 우리 민족이 세운 회사에 경원선 철도 부설권을 주었어요. 그러나 자금 사정으로 경원선 건설이 중단되자 일본이 교묘히 경원선 부설권을 가져갔어요.

❻ 경부선 부설권 경부선 철도 부설권은 처음부터 일본에 넘어갔어요. 일본은 특히나 경부선에 목숨을 걸다시피 했지요. 일본에서 배를 타고 동해를 건너오면 바로 닿는 곳이 부산이고, 부산에서 서울까지 연결된 철도를 이용하면 쉽게 조선을 지배할 수 있다고 생각한 거예요. 실제로 경부선은 일제가 조선을 침략하는 데 큰 역할을 했답니다.

❼ 운산 금광 채굴권 1896년 한 미국인은 이익금의 일부를 조선 왕실에 내놓는다는 조건으로 평안도 운산 금광 채굴권을 얻어냈어요. 자그마치 25년간 금을 캘 수 있는 조건이었죠. 운산은 조선인들도 많이 금을 캐던 곳이었지만 미국 사람들은 허가증을 내밀며 조선인들을 쫓아냈어요. 미국 사람들은 금이 나올 때마다 'No touch(노 터치)!' 즉 만지지 말라고 외쳤고, 조선인들은 '아, 미국 사람들은 금을 노다지라고 하는구나!'라고 생각했다고 해요.

서구 열강에 찢겨져 나가는 동아시아. 제국주의를 고발한다!

오늘도 인천항은 바쁘게 돌아갑니다. 청에서 조선으로 건너와 장사로 성공한 왕서방도 하루 종일 바쁜 시간을 보냈지요. 저녁을 먹고 난 후 왕서방은 평소 친분이 있던 조선 상인 최장사 씨와 이야기를 나누고 있습니다. 다른 청 상인과 달리 왕서방은 그래도 양심적으로 장사를 하고 있어서 몇몇 조선 상인과는 허물없이 친구처럼 지내고 있거든요.

"이보게, 최장사. 난 요즘 장사도 시큰둥하고 의욕이 없어."

이 말을 듣고 걱정이 된 최장사가 물어보았습니다.

"아니, 왜? 장사도 잘 되고 있고, 조선에서 인정도 받고 있는데 뭐가 문제인가?"

그러자 왕서방은 걱정스러운 듯이 말을 이었어요.

"내 조국 청이 요즘 만신창이가 돼 가고 있거든. 혹시 '제국주의'라는 말을 들어 본 적이 있나? 지금 조선을 야금야금 파먹어 들어오는 일본처럼 다른 나라를 침략하여 식민지로 삼는 것을 제국주의라고 한다네. 조선이 그렇게 우러러보던 청도 조선과 같은 신세라네. 게다가 땅덩이가 넓다보니 한 나라에서만 제국주의의 손길을 뻗쳐 오는 게 아니라 영국, 프랑스, 독일, 미국, 러시아 등 나라도 다양해. 만주에 눈독을 들이는 일본도 포함된다고."

왕서방의 말을 들은 최장사도 심란해졌어요. 일본 때문에 조선의 상황이 점점 힘들어지는 것을 느끼고 있었으니까요.

"아 그런데, 그 나라들은 무슨 힘이 있어서 자꾸 청을 못살게 구는 걸까?"

최장사의 질문을 듣고 한참 생각에 잠겨 있던 왕서방이 말을 이었어요.

"나도 들은 이야기지만 서양 여러 나라들은 이제 물건을 사람이 안 만든다더군. 우리는 옷감 한 필 짜려면

아관 파천 | 러시아 공사관으로 피신한 고종

부인들이 밤을 새가며 몇 날 며칠 일해야 하잖나? 그런데 서양 사람들은 실을 만드는 기계, 옷감을 짜는 기계가 다 따로 있어서 기계가 윙윙거리며 만든다더군. 그것도 몇 시간만에 뚝딱 만든다고 하더라고. 어디 이런 변화가 옷감 짜는 일에만 일어나겠나? 여러 가지 물건들이 다 공장에서 나온다더군. 이걸 산업 혁명이라 한다나 뭐라나. 이 어마어마한 일은 영국에서 처음 시작되었고 차츰 주변 나라들로 퍼져갔다는군. 그런데 기계를 돌리고, 그 기계가 만든 물건을 팔아 이익을 남기려면 필요한 것들이 있을 것 아니겠나?"

"우선 값싼 원료가 있어야 할 것 같고, 자기들이 만든 물건을 내다 팔 시장이 필요할 거 같은데?"

최장사의 대답에 왕서방이 손으로 무릎을 탁 하고 쳤어요.

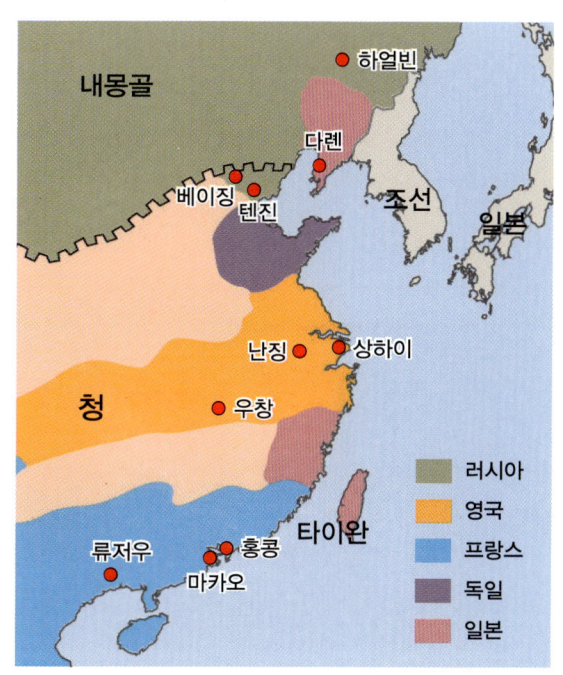

▲ 열강의 중국 침탈

"바로 그거라네. 청이 딱 그 역할을 하기에 좋은 거지. 원료를 대 주고 물건을 사 주는 역할! 그런데 서구 열강(힘이 센 나라)들은 청만 식민지로 삼으려 한 게 아니라네. 베트남이며 인도네시아 등 아시아 여러 나라를 식민지로 삼고 있지."

식민지로 전락해가는 조선의 백성으로 사는 최장사는 마음에 먹구름이 드리워졌어요. 일본만 해도 조선 사람들이 말을 안 듣는다며 때리고, 물건을 빼앗아가고 있으니까요. 또 기계로 만들어 조선에서 만든 물건보다 훨씬 싼 일본 물건들이 점점 더 많이 팔리고 있는 것도 속상했어요. 이러다 보면 정말 국권을 빼앗기는 날이 멀지 않은 것 같았거든요.

비록 과거에는 조선을 지배하려 했던 청이지만 지금은 힘이 약한 민족으로서 같은 아픔을 겪고 있는 청의 왕서방과 조선의 최장사. 그들의 운명은 앞으로 어떻게 될까요? 저기 저물어 가는 태양빛이 그들의 운명을 말해 주고 있는 것 같았어요.

# 고종훈의 한국사 브리핑

사건 핵심 분석 ▶ 아관 파천

QR 코드를 찍으면 고종훈 선생님의 강의를 볼 수 있어요.

시기 ▶ 1896년
사건의 주인공 ▶ 고종과 세자
고종과 세자가 남긴 말 ▶ 일본군 너무 무서워. 일단 피신하고 보자.
피신 장소 ▶ 러시아 공사관
러시아의 반응 ▶ 드루와 드루와. 우리가 다 해 줄게~.
역사적 중요도 ▶ ★★★★☆
시험 출제 빈도 ▶ 높음

고종은 일본의 위협을 피해 러시아 공사관으로 몸을 피했습니다.

왕후 민씨가 죽임을 당한 뒤, 고종은 생명의 위협을 느꼈어요. 주변의 궁녀도 믿지 못할 정도였지요. 그러다 **고종은 일본군의 경복궁 감시가 느슨해진 틈을 타 세자와 함께 러시아 공사관으로 거처를 옮겼어요.** 이를 아관 파천이라고 해요.

사건 관계 분석

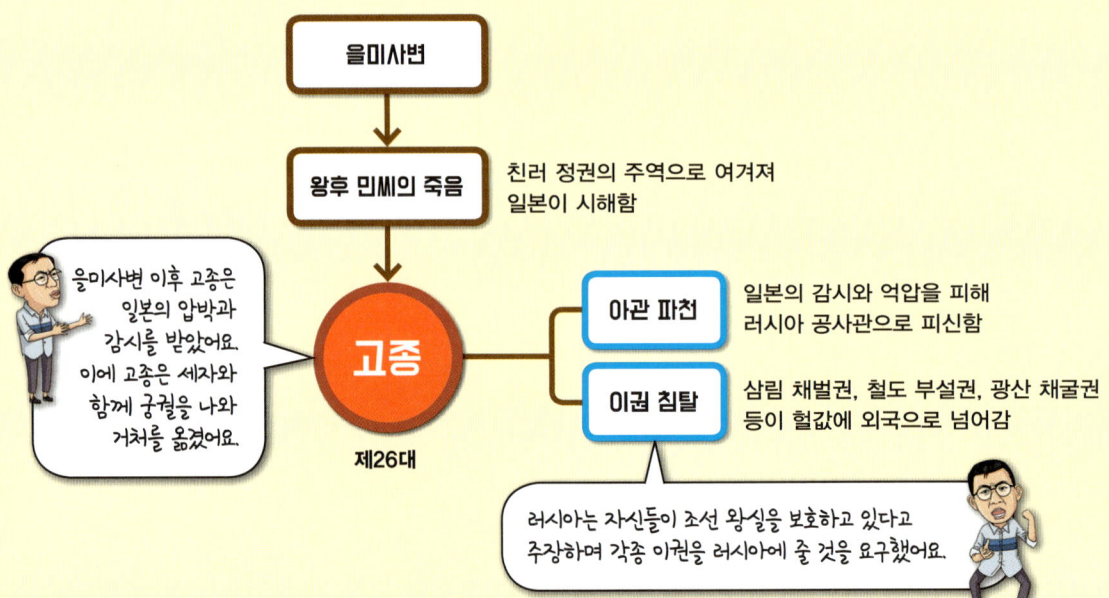

11 독립 협회의 활동

자주와 문명개화를 외치다!

시대 1896년

타임라인 뉴스

1896.7 서재필을 중심으로 독립 협회가 세워지다

1896.11. 독립문을 짓기 시작하다

1896.12. 독립 협회의 회원수가 2,000명을 돌파하다

1898.10. 만민 공동회가 시작되다

1898.11. 독립 협회의 주요 인물들이 체포되다

1898.12. 독립 협회의 활동이 중단되다

1 심층 취재

생방송 한국사

백성이여, 무지에서 깨어나라!

지금 조선은 아관 파천으로 혼란스럽습니다. 임금이 자리를 비웠으니 나라가 제대로 돌아갈 리가 없겠지요. 가장 고통받는 사람들은 백성들입니다. 상황이 이렇게 되자 독립 협회라는 단체가 나섰다고 하는데요. 독립 협회에 대해 김역사 기자가 심층 취재했습니다.

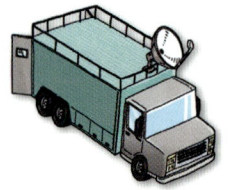

여러분, 고종이 러시아 공사관으로 처소를 옮긴 것은 알고 계시지요?

김역사 기자

아관 파천 이후 조선은 이곳저곳이 멍들고 있습니다. 금광 채굴권을 비롯한 각종 이권이 외국인들의 손에 넘어가고 있기 때문입니다. 이런 상황에 가장 분통 터지는 사람은 누가 뭐라 해도 백성일 것입니다. 조선의 백성은 어떤 심정인지 백성 한 분과 인터뷰를 해 보겠습니다.

강분통

백성들의 심정이요? 우리가 무슨 잘못을 해서 이렇게 고통을 겪는 건지 도통 모르겠어요. 옛날보다 몇 배는 살기 힘들어졌어요. 우리는 나라에서 시키는 대로 세금 내고 예전처럼 농사 열심히 짓고 있는데 왜 밥도 제대로 못 먹게 된 건지 정말 모르겠다니까요? 임금이란 사람은 대체 뭘 하고 있는 건가요? 외국 사람들이 이렇게 설치는 판에 다른 나라 공사관에나 가 있고….

140 독립 협회의 활동 | 자주와 문명개화를 외치다!

네, 고통스러운 백성의 마음이 느껴집니다. 이와 같이 나라가 혼란스러운 와중에 미국에서 필립 제이슨이라는 사람이 조선에 들어왔어요. 필립 제이슨이 누구냐고요? 바로 서재필이에요. 그는 김옥균, 박영효 등과 함께 조선의 개화를 위해 갑신정변을 일으켰지만 실패했고 그 대가는 가혹했어요. 일본으로 **망명**을 떠나야 했고 조선에 남은 그의 가족들은 역적의 가족이라며 모두 죽어야 했지요.

청 군대에 쫓겨 일본으로 도망간 서재필은 다시 미국으로 갔어요. 서재필은 그곳에서 의사 자격증을 따고, 미국인과 결혼도 했으며 미국 시민권을 얻어 살고 있었어요. 이때 갑오개혁을 이끌었던 박영효가 서재필에게 조국으로 돌아와 조선을 위해 일해 달라고 한 거예요.

서재필은 조선에 들어오기 전에 많은 생각을 했어요. 조국을 위하는 마음에 목숨을 걸고 뛰어들었던 갑신정변이 왜 실패했는지, 미국은 어떤 이유로 세계적인 강대국이 되었는지를 꼼꼼히 되짚어 보았죠. 그리고 조국에서 자신이 해야 할 일들을 정리하기 시작했어요.

고국에 돌아온 서재필이 한 일은 신문을 발간하는 것이었어요. 그 신문이 바로 「독립신문」이랍니다. 그럼 서재필 선생을 모시고 왜 신문을 창간하게 되셨는지 여쭤 보겠습니다. 선생님, 한 말씀 부탁드립니다.

망명
혁명 또는 그 밖의 정치적인 이유로 자기 나라에서 박해를 받고 있거나 박해를 받을 위험이 있는 사람이 이를 피하기 위하여 외국으로 몸을 옮김

서재필의 가족들
서재필이 일본으로 떠난 뒤 남은 가족들은 비참하게 삶을 마감해야 했어요. 부모와 형, 아내는 자살을 했고, 동생은 목을 베어 죽이는 형벌인 참형을 받아야 했으며 두 살짜리 아들은 돌봐 줄 사람이 없어 굶어 죽었거든요.

서재필: 저는 미국에 있는 동안 서양의 시민 사상을 보고 배웠습니다. 그러면서 갑신정변이 백성들의 지지를 받지 못해 실패했다는 것을 깨닫게 되었지요. 그래서 저는 백성을 가르쳐서 깨우치게 하는 것이 무엇보다 시급하다고 생각했어요. 조선의 백성을 깨우치기에

는 신문이 최고라는 나의 생각을 조선 조정에 전달했고, 조선 정부의 도움을 받아 「독립신문」을 만들기에 이른 것이지요. 또 교육 활동도 계획하고 있습니다. 앞으로도 많은 기대 부탁드립니다.

「독립신문」은 기사와 사설을 통해 백성의 생각을 깨우는 데 큰 역할을 했어요. 신문을 통해 조선 백성들이 아직 모르는 민주주의와 관련된 많은 지식을 널리 알렸지요. 헌법, 의회, 개인의 자유와 평등 같은 근대 의식을 보급하기 위해 노력했어요. 또 일본의 손아귀에서 벗어나 독립 국가의 자격을 얻으려면 백성 모두 **문명개화**를 이루어야 한다고 목청껏 외쳤지요. 「독립신문」이 차츰 성과를 내기 시작하자 서재필은 영은문을 헐고 그 자리에 독립문을 세우자고 주장했어요. 영은문은 조선 임금이 청의 사신을 맞이하는 장소로, 독립 국가에게는 어울리지 않는다고 생각한 거예요. 서재필은 윤치호, 이완용, 이상재 등과 뜻을 모은 후 고종을 찾아가 독립문을 꼭 세워야 한다고 말했지요. 서재필은 독립문 건립과 관련된 일을 체계적으로 하기 위해서는 조직이 필요하다는 것을 깨달았어요. 이렇게 해서 만든 조직이 바로 독

문명개화
낡고 나쁜 풍습을 타파하고 발달된 문명을 받아들여 발전함

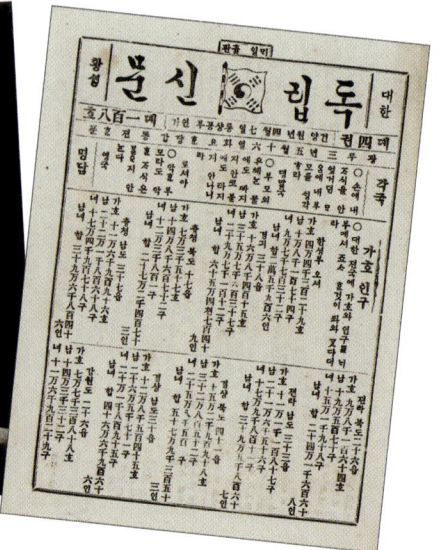

▲ 서재필(왼쪽)과 독립신문(오른쪽)

립 협회랍니다.

독립 협회는 모든 사람에게 문을 열고 회원으로 받아들였어요. 조정의 관료부터 시작해 개화를 받아들인 양반, 상인, 심지어 여성과 **백정**까지도 회원으로 받아들였죠. 독립 협회의 활동으로 영은문 자리에는 독립문이 세워졌어요.

서재필은 교육 활동도 벌였어요. 배재 학당 등에서 학생들을 가르쳤답니다. 이 무렵 서재필은 토론회를 종종 열어 '러시아의 이권 침탈을 어떻게 생각하는가?'와 같은 정치적 문제를 토론했어요.

▲ 독립문

처음에는 참여 인원이 적었지만 시간이 갈수록 점점 늘어나 수십 명에서 수백 명까지 되었어요. 이 토론회가 발전하여 **만민 공동회**가 된 거예요.

이후 독립 협회는 다양한 정치적 활동에 참여하면서 활동 영역을 넓혔어요. 그러나 독립 협회가 주장하는 민주적인 사상은 신분제 사회에 익숙한 고종에게는 못마땅한 것이었죠. 결국 고종은 독립 협회를 해산시켰답니다. 독립 협회가 활동한 시기는 약 30개월 정도로 매우 짧아요. 하지만 독립 협회가 조선에 뿌린 민주주의의 씨앗은 우리나라가 근대 국가로 나아가는 데 크게 이바지하였어요. 특히 독립 협회에서 활동하던 젊은 회원인 안창호, 신채호 등은 훗날 독립운동의 핵심 인물로 성장했답니다.

백정
소나 개, 돼지 따위를 잡는 일을 직업으로 하는 사람

만민 공동회
독립 협회의 주도로 신분에 관계없이 누구나 참여해 자유롭게 정치적 의견을 밝히던 모임이었어요.

모두 모여 토론합시다! 만민 공동회

김역사 기자

오늘 종로 네거리에서 독립 협회가 주최하는 만민 공동회가 열린다고 합니다. 1898년 3월은 아마 역사에도 기록되지 않을까 싶은데요. 아직 시작도 하지 않았는데 앞자리에 앉기 위해 벌써부터 수많은 사람들이 모여들고 있습니다.

처음으로 만민 공동회가 열리는 날입니다. 약 1만 명에 해당하는 사람들이 그야말로 구름처럼 종로 네거리로 모여들었지요. 이날 이승만은 연단에 올라가 멋진 연설을 했어요. 눈을 반짝이며 듣던 백성들은 박수를 보냈어요.

> 오늘 여기 모인 분들에게 드릴 말씀이 있습니다. 여러분은 우리 대한 제국이 재정과 군사를 맡아 볼 사람으로 러시아 관리를 받아들인 사실을 알고 있을 것입니다. 독립 국가인 우리 대한 제국의 군사를 외국의 관리가 좌지우지한다는 것을 어떻게 생각하십니까? 한 나라의 자주성은 재정의 독립으로부터 오는데 그것을 외국인에게 맡기는 것은 또 옳다고 보십니까? 저는 대한 제국 정부가 하루 빨리 러시아 관리를 해고하여 군사와 재정의 자주성을 찾아야 한다고 주장합니다.

만민 공동회가 거듭될수록 사람들은 점점 더 발전된 태도를 보이게 되었어요. 결론에 다다른 주제는 대표를 뽑고 대책을 만들어 대한 제국 정부에 전달하기도 하고 직접 실천하기까지 했지요. 정치적인 이야기만 할 수 있었던 것은 아니에요. 남녀 차별 문제, 신분 차별 문제 등 오랫동안 계속되어 온 나쁜 관습에 대해서도 토론할 수 있었어요.

지금이야 개인의 자유와 평등이 아주 당연한 것이지만 신분제 사회였던 당시 사람들에게는 낯선 단어들이었어요. 하지만 만민 공동회에서 이런 주제들을 다루면서 많은 사람들에게 민주주의가 무엇인지를 가르쳐 주었던 거예요.

　같은 해 10월에는 정부 관리까지 참여한 토론회가 열렸어요. 이를 특별히 관민 공동회라고 부르지요. 관민 공동회는 6일에 걸쳐 열렸는데, 더 나은 세상을 위해 빨리 실행해야 할 개혁 과제를 선정해 발표했어요. 이를 「헌의 6조」라고 해요.

　만민 공동회의 활동에 비교적 우호적이었던 고종은 민주주의를 요구하는 만민 공동회가 점점 부담스러워졌어요. 만민 공동회는 백성의 투표로 의원을 뽑아 의회를 만들어야 한다고까지 주장했거든요. 근대적인 의회 설립을 외친 거예요.

　고종의 입장에서는 이런 움직임이 왕권에 대한 도전으로 보였어요. 하지만 독립 협회의 활동을 무시할 수는 없었던 고종은 독립 협회와 계속 협상을 했고, 의회를 세우자는 데에 의견 일치를 보았어요.

　그러던 어느 날 고종에게 이상한 상소 한 장이 올라왔어요. 상소를 올린 단체는 국가의 지원을 받아 만들어진 보부상 단체인 황국 협회였어요. 황국 협회는 독립 협회가 고종을 폐하고 새 나라를 세우려 한다고 했어요. 고종은 당장 독립 협회 간부 17명을 체포하고 독립 협회를 해산시켰어요.

　얼마 후, 종로 네거리에 사람들이 모여 스스로 만민 공동회를 열었어요. 그리고 밤을 새가면서까지 독립 협회 회원들을 풀어 주라는 시위를 이어갔어요. 시위가 자그마치 19일 동안 이어지자 정부도 독립 협회 간부들을 모두 풀어 주었지요. 이 일은 사람들에게 엄청난 기쁨을 안겨 주었어요. 평범한 사람들도 힘을 모아 말하고 행동하면 원하던 것을 이룰 수 있다는 걸 처음으로 깨달았으니까요.

　사람들은 이후 정부와 고종에 희망을 걸고 개혁을 기다렸어요. 하지만 별다른 진전이 없자 다시 만민 공동회가 열렸어요. 정부는 정부 정책에 사사건건 간섭하는 만민 공동회를 해산시키라고 명령했고, 강하게 정부를 비판하던 사람들은 사형을 시키기까지 했어요. 이렇게 해서 독립 협회와 만민 공동회는 더 이상 활동을 할 수 없게 되었답니다.

만민 공동회는 우리 민족에게 큰 영향을 끼쳤습니다. 특히 독립 협회 관서 지부에서 활동하던 도산 안창호는 평양에서 열린 관민 공동회에서 관리 한 명 한 명을 매섭게 쳐다보며 관리로서의 자세를 꼬집기도 했다는군요.
이상 만민 공동회가 열리는 종로 네거리에서 김역사 기자였습니다.

 고종훈의 한국사 브리핑

사건 핵심 분석 ▶ 독립 협회의 활동

QR 코드를 찍으면 고종훈 선생님의 강의를 볼 수 있어요.

시기 ▶ 1896년
단체 구호 ▶ 독립만이 살 길이다!
독립 협회의 사업 ▶ 독립신문 발간, 국민 교육 등
국민의 평가 ▶ 너무나도 고마운 단체
독립 협회의 운명적 장소 ▶ 지하철 3호선 독립문 역
연관 검색어 ▶ 안창호, 서재필, 문명개화, 독립문
역사적 중요도 ▶ ★★★☆☆
시험 출제 빈도 ▶ 보통

미국 생활을 하던 서재필이 박영효의 주선으로 귀국을 했어요.

서재필은 갑신정변에 가담했던 개화파의 한 사람이었어요. 서재필은 미국 생활을 하는 동안 '조선은 근대적인 자주독립 국가로 가야하며, 이를 위해서는 백성들이 깨어 있어야 한다.'고 생각하였고, 조선으로 돌아와 이를 실천하기 위해 노력하였어요.

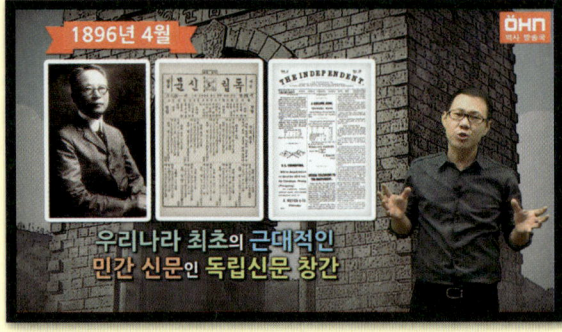

서재필은 우리나라 최초의 근대적인 민간 신문인 독립신문을 창간했어요.

서재필은 백성들에게 읽힐 신문이 있어야 한다고 판단해 1896년 4월, 우리나라 최초의 근대적인 민간 신문인 독립신문을 창간했어요. **독립신문은 백성을 깨우치는 데 중요한 역할을 했답니다.** 독립신문에는 조선은 청의 속국이 아니라는 내용도 실려 있었어요.

서재필은 중국과의 사대 관계를 상징했던 영은문을 헐고 독립문을 만들자는 제안을 했어요.

서재필은 독립문 건립을 위해 모금 협회 조직을 만들었고, 이것이 독립 협회가 되었어요. **독립 협회는 우리나라 최초의 근대적인 민중 계몽 단체예요.** 1898년에는 근대적인 민중 대회인 만민 공동회를 개최하여 열강의 이권 침탈과 내정 간섭을 비판했어요.

1 인물 초대석

얼마 전 러시아 공사관에 피신해 있던 고종을 초대해 이야기를 들었는데요. 이번에 또다시 모시게 되었습니다. 그런데 모신 분은 같지만 호칭은 달라졌습니다. 예전에는 고종이라 칭했지만 이제는 고종 황제이십니다. 고종 황제님, 러시아 공사관에서 나오셨다고요?

고종 황제

아관 파천 당시 나를 비난하는 목소리가 높았잖습니까? 특히 독립 협회를 중심으로 러시아와 나를 강하게 비판했거든요. 이런 이야기들을 「독립신문」에 막 써 대니 모든 조선 백성이 나를 비웃더이다. 나 역시 외국 공사관에 언제까지나 있을 수도 없고…. 그래서 아관 파천 이후 1년 만에 궁으로 돌아갈 생각을 하게 된 것이오.

경복궁이 아니라 덕수궁으로 돌아오신 이유를 여쭤 보고 싶은데요.

여러 가지 이유가 있습니다. 우선 경복궁에서 내 아내가 살해당했기 때문에 그곳으로 돌아가면 내 마음이 많이 힘들 것 같았소. 또 덕수궁 주변에는 미국을 비롯해 영국과 러시아 공사관이 있어서 혹시라도 일이 생기면 얼른 도움을 청할 수 있을 것 같았소.

본격적으로 정치 이야기를 해 보겠습니다. 독립 협회나 만민 공동회에서 주장하는 내용들은 알고 계신가요?

물론입니다. 저도 다 보고 듣고 있습니다! 그런데 독립 협회를 중심으로 **입헌 군주제** 국가를 세우자는 등 의원들을 투표로 뽑아 의회를 만들자는 등 그런 이야기들은 사실 기분이 좀 나쁘더라고요. 엄연히 왕인 내가 있는데 내 권한을 막 줄이자는 이야기잖아요. 반면 기분 좋은 것도 있었습니다. 조선은 황제의 나라가 될 만한 충분한 자격이 있으니 조선을 황제의 국가로 만들고 나도 황제가 되라는 말에는 귀가 솔깃하더이다. 독립 협회도 그렇게 하는 것이 청으로부터 완전한 독립을 이루는 길이라고 하니 몹시 기뻤소.

그래서 황제로 즉위하신 것이군요?

그렇소. 하늘에 제사 지내는 **환구단**을 쌓고 그곳에서 황제 즉위식을 올리고 나라 이름을 대한 제국, 연호를 광무라 하였소. 황제만 앉을 수 있는 황금색 의자도 마련했지요. 그리고 을미사변 때 억울하게 죽은 아내를 명성 황후로, 세자를 황태자로 삼았소.

나라가 이렇게 어지러운데 조선을 황제의 나라로 만드는 게 꼭 필요한가요?

겉모양만 휘황찬란하게 하려고 황제국을 선포한 것은 아니오. 이렇게 나라 안팎이 매우 혼란스럽고 시끄러울 때 우리나라 또한 러시아나 독일처럼 강한 황제를 중심으로 힘을 합쳐야 한다고 생각했습니다. 이런 나의 생각이 가장 잘 표현된 것이 「**대한국 국제**」예요.

입헌 군주제
왕의 권력이 헌법에 의하여 일정한 제약을 받는 정치 형태

환구단
천자(天子)가 하늘에 제사를 드리는 제단이라는 뜻이에요. 하늘에 제사를 지낼 수 있는 사람은 황제가 유일하다고 하여 조선은 이러한 건축물을 가질 수 없었어요. 대한 제국이 출범하면서 환구단을 세우고 이곳에서 고종의 황제 즉위식을 거행하였어요. 그러나 환구단은 1913년 일제에 의해 철거되었어요.

대한국 국제
국가 운영의 기본 원칙을 정한 대한 제국의 국가 기본법이에요. 1899년에 반포되었으며 대한 제국의 헌법이라 할 수 있어요.

9개의 조항으로 이루어진 「대한국 국제」는 황제에게 입법권, 행정권, 사법권은 물론 군 통수권과 그 밖의 모든 권한을 주었어요. 갑오개혁 이후 많이 약해진 내 힘을 키워 신하들에 의해 좌지우지되는 일은 절대 없게 할 것이오. 내 막강한 힘으로 대한 제국의 근대화를 이룰 겁니다. 아마 독립 협회 회원이었던 사람이라면 「헌의 6조」에 비해 민주주의 요소가 많이 후퇴했다고 느낄 테지요. 하지만 지금은 황제를 중심으로 권력을 집중하는 것이 필요한 때라고 생각하오.

황제가 되신 후 추진하신 일들을 알기 쉽게 설명해 주시겠습니까?

강화도 조약으로 개항한 이후 산업을 발달시키는 것이 꼭 필요하다는 것을 깨달았어요. 개항 후 듣도 보도 못한 물건들이 우리 백성들의 마음을 얼마나 크게 사로잡았는지 알게 되었기 때문입니다. 간편하게 불을 붙일 수 있는 성냥, 값싸고 질도 좋은 면직물, 촛불보다 몇 배는 환하게 어둠을 밝혀 주는 석유 등은 이제 사치품이 아니라 생각해요. 생활필수품이 된 거죠. 이 물건들을 수입하기 위해 얼마나 많은 돈이 외국으로 나가고 있습니까?

그래서 난 공장을 세웠소. 우리 손으로 면직물을 만들기 위해 종로 직조사를 세웠고, 편리한 서양식 종이를 만드는 공장인 한성제지 회사도 세웠다오. 이런 공장들을 세우면서 무엇보다 자본이 중요하다는 걸 깨달아 은행도 세웠다오. 또, 전국의 토지를 근대적인 방법으로 측량했습니다. 그래야 세금을 정확하게 걷을 수 있지 않겠습니까? 군사 제도도 고쳤어요. 한성을 지키는 군사 수를 늘렸고 중앙의 중요한 도시에도 군대를 설치해 국민의 안전을 지키려 했습니다.

황제가 되신 후 한성의 모습에도 많이 신경 쓰셨다고 들었습니다.

하하하. 벌써 소문이 났군요. 맞습니다. 그래도 황제가 사는 곳인데, 한성의 모습도 달라져야 하지 않겠습니까? 그래서 덕수궁 앞 도로를 넓혔다오. 전차가 다닐 수 있을 정도로 넓혔으니 아마 보시면 놀랄 겁니다. 사람들이 많이 모이는 곳에는 공원도 만들었어요. 종로에 있는 탑골 공원! 그것도 내가 만든 것이라오. 광화문 앞에 광장도 만들어 보기 좋게 꾸몄소.

그렇군요. 또 자랑하실 만한 일 좀 말씀해 주시죠.

교육! 교육이라오. 여러 학교를 세워 인재를 키우기 위해 애썼어요. 상공업 학교, 의학교, 광산 학교 등 많은 학교를 세웠지요. 지금까지 말한 나의 개혁을 '광무개혁'이라고 하오. 나는 광무개혁을 통해 생산을 늘리고 산업을 일으키기 위해 많은 노력을 했습니다.

광무개혁으로 많은 공장과 학교가 들어선 것은 사실입니다. 하지만 황제에게 모든 권한을 집중하여 대한 제국은 고종 황제 한 명이 막강한 권한을 휘두르게 됐는데요. 과연 옳은 판단이었을까요? 지금까지 김역사 기자였습니다.

2 심층 취재

생방송 한국사

서양 여느 도시 못지않은 모습을 갖춘 한성

이제 한성의 모습도 확 달라졌습니다.

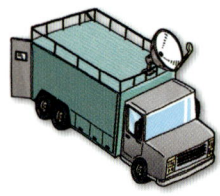

대한 제국의 모습은 하루가 다르게 변하고 있습니다. 저녁에도 전깃불이 대낮처럼 밝혀 주고, 한성에는 전차가 다니게 되었습니다. 서양식 건물도 곳곳에 들어서고 있는데요. 그 밖에 어떤 문물이 들어와 우리가 사는 모습을 어떻게 바꾸고 있는지 알아보겠습니다.

개항 이후 서양 근대 문물이 들어왔습니다.

김역사 기자

조선 정부는 서양의 근대 문물을 받아들여 나라를 부유하고 강하게 만들고자 하였어요. 그래서 조선은 유학생과 **시찰단**을 일본, 청, 미국 등 해외에 보냈어요. 또 외국인 기술자들을 초빙해 서양의 과학 기술을 적극적으로 배우고자 했지요. 그 결과 다양한 근대 시설이 들어왔습니다. 어떤 문물들이 들어왔는지 도움 말씀 주실 분들이 나와 계십니다.

오우편

저는 우정총국에서 일하고 있슈. 우정총국이라니께 친구들이랑 우정을 다지는 곳이냐고 물어보는 사람들이 많은데유. 그런 무식한 소리는 마셔유. 우정총국은 우편 업무를 담당하는 곳이에유. 이제는 옛날처럼 편지를 전하기 위해 걸어갈 필요가 없어졌슈. 주소만 정확히 써 주면 배달을 해 준다니께유.

전화수

전화라고 들어는 보셨나요? 귀에다 갖다 대면 사람 목소리가 들리는 신통방통한 물건이에요. 전화는 궁궐과 정부 건물에 설치되었는데, 처음 설치된 곳은 덕수궁이에요. 전화를 걸면 저 같은 교환수가 나오고, 원하는 곳을 말하면 교환수가 연결해 주죠.

잠깐만요! 지금 고종 황제께서 관리들에게 전화를 거시려고 저를 찾고 있네요. 옷, 내 겉옷이 어디 있지? 제 옷매무새는 단정한가요? 이제 전화기를 향해 큰절을 해야 해요. 그런 후 무릎을 꿇고 통화를 하죠. 이제 쉿~!

시찰단
두루 돌아다니며 실지의 사정을 살피기 위하여 조직한 사람들의 무리

손복실

전 경복궁에서 일하는 궁녀예요. 요즘 경복궁 밤 풍경이 멋지다는 소문이 자자하다면서요? 그렇게 소문이 난 이유는 바로 전깃불 때문이에요. 향원정 앞 건청궁에 처음으로 전깃불이 설치되었거든요. 향원정 물을 이용해 발전기를 돌려 전깃불을 켜요. 그래서 우리는 '물불'이라고도 불러요. 어떤 사람들은 호롱불에 비해 엄청나게 밝은 불빛이 신기하다며 묘한 불이라는 뜻의 '묘화'라고도 부르지요.

처음 전깃불이 보급되었을 때는 몇 달 동안 매일 6~7집이 정전이 되어 애를 먹었다고 합니다. 그 이유는 담배를 피려는 노인들이 담배를 전구에 대어 불을 붙이려 했기 때문인데요. 전구에 담배를 대어서는 불이 붙지 않자 전구를 떼고 소켓에 담배를 꽂아 퓨즈가 나가기 일쑤였어요. 한편, 전깃불은 서양 오랑캐의 것이라 해서 전등 아래에서는 제사를 모시지 않았다고 하네요. 계속해서 다른 분들의 말씀을 들어 보겠습니다.

박달려

저는 전차를 운전하는 사람입니다. 전차는 종로 일대를 오가고 있어요. 전차에서 나는 '땡땡' 소리를 들으면 사람들이 다들 옆으로 피하죠. 처음에는 땡땡 소리를 듣고도 미처 피하지 못해서 전차에 치여 죽는 사람들이 꽤 있었어요. 당연히 전차를 바라보는 시선이 곱지만은 않았지요. 사람 잡아 먹는 괴물이라며 돌을 던지고 도망가는 사람들도 있었거든요. 그래도 먼 거리를 편하게 갈 수 있어서 차츰 이용하는 사람이 늘고 있어요. 동방예의지국답게 전차는 남자와 여자가 타는 칸이 달라요. 요금도 매우 비싸 한성 사람보다는 지방에서 올라온 사람들이 관광 삼아 타는 경우가 많답니다.

▲ 한성의 전차 운행 모습

김기차

저는 철도를 달리는 기차 운전수구만유. 철도는 제법 많지유? 그중 어느 철도가 제일 먼저 생겼는지 아셔유? 보통은 한성과 부산을 잇는 경부선이라고 생각들 하는데, 땡이구만유. 한성과 인천을 잇는 경인선이 처음으로 놓였슈. 그러고 나서 일본에 의해 경부선과 경의선도 잇따라 들어섰지유. 처음 철도를 본 조선 사람들은 **축지법**을 쓰는 괴물이 나타났다고 놀라워하믄서 막 숨고 그랬당께유.

철도는 먼 거리를 가는 시간만 줄여 준 것이 아닙니다. 정해진 시각에

축지법
도술로 땅을 축소하여 먼 거리를 가깝게 하는 술법

정확히 출발하는 기차를 타기 위해 조선 사람들의 시간 관념도 바뀌었거든요. 시각을 표현할 때도 자시, 축시 하는 말 대신 지금처럼 정확하게 시각을 표현하게 되었죠. 주머니에 뚜껑 달린 동그랗고 반짝이는 시계를 넣어 가지고 다니는 사람들도 등장했습니다. 그런데 저기 배를 움켜 잡고 가는 분이 계시군요. 말씀 나눠 보도록 하겠습니다.

이환자

지금 배가 너무 아파서 병원에 가는 길입니다. 주변에서 서양식 병원에 가 보라고 해서 제중원에 가는 길이에요. 얼마 전 갑신정변 때 부상을 입어 죽을 줄만 알았던 민영익을 서양 의사인 알렌이 살려냈잖아요. 그 알렌이란 사람이 세운 근대식 병원이 제중원이에요. 이제 말 시키지 마세요. 너무 아파서 말도 못하겠어요.

▲ 복원된 제중원의 모습

이번에는 멋지게 차려 입은 여성 한 분을 만나보도록 하겠습니다.

신여성

어머, 제 옷차림 때문에 인터뷰를 하시려는 모양이군요. 서양 문물이 들어오면서 사람들이 사는 모습도 바뀌었죠. 저는 더 이상 외출할 때 얼굴을 가리기 위해서 입던 장옷을 입지 않아요. 대신 개량 한복이나 양장을 입지요. 남자들도 개화파 지식인들은 단발을 하고 양복을 입어요. 고종 황제와 관리들도 서양식 옷을 입으시잖아요.

대한 의원

대한 제국 시기, 제중원 외에도 대한 의원이란 곳도 있었어요. 이곳은 환자 치료와 의사 양성을 목표로 한 곳으로, 현재 서울 대학교 병원 안에 그 건물이 있으며 박물관으로 이용되고 있습니다.

▲ 1950년대 명동 성당(왼쪽)과 오늘날의 덕수궁 석조전(오른쪽)

생활의 변화

불을 쉽게 붙일 수 있는 성냥, 빨래를 한결 편하게 해 주는 서양식 비누, 편하게 먹을 수 있고 금방 낫는 서양식 약, 여자들의 아름다움을 돋보이게 해 주는 서양식 화장품 등 서양식 물건들이 늘어 갔어요. 더 이상 외국과 교류를 하지 않고는 살기 힘든 세상이 되어 버린 거예요.

옷뿐 아니라 새로운 음식도 들어왔습니다. 청 상인들을 통해 중국 음식인 호떡과 만두가 널리 퍼졌고, 일본인들이 곳곳에 자리 잡으면서 일본 음식인 우동과 어묵도 먹기 시작했지요. 식생활 문화도 바뀌었어요. 조선 시대에는 한 사람 한 사람 따로 상을 놓고 먹는 것이 양반의 식사 예절이었는데 이제는 한 상에 둘러앉아 밥을 먹고 있습니다.

부산이나 인천 등 개항장 주변에는 서양식 건물과 일본식 나무집이 하나 둘 들어서기 시작했어요. 한성에 세워진 대표적인 서양식 건축물로는 독립문, 명동 성당, 덕수궁 석조전 등이 있습니다.

이번에는 최남선 시인을 모시고 문화와 예술의 변화를 살펴보죠.

최남선

제가 시나 문학을 좀 알아요. 조선 시대의 대표적인 문학이라면 '시조'가 생각날 거예요. 하지만 저는 시조와는 다른 아름다움을 지닌 시들을 썼어요.

이를 신체시라고 하죠. 제가 쓴 「해에게서 소년에게」가 대표적이죠.

해에게서 소년에게
최남선

처얼썩 처얼썩 척 쏴아아
때린다, 부순다, 무너 버린다
태산 같은 높은 뫼, 집채 같은 바윗돌이나
요것이 무어야, 요게 무어야
나의 큰 힘 아느냐 모르느냐, 호통까지 하면서
때린다, 부순다, 무너 버린다
처얼썩 처얼썩 척 튜르릉 꽉 (후략)

어때요? 현대 시와 비교해도 별 차이가 없죠? 제가 이 정도로 천재였다니까요. 이 시기에는 『혈의 누』, 『금수회의록』 같은 신소설도 등장했고, 서양의 유명 소설을 번역한 『로빈슨 표류기』, 『걸리버 여행기』도 많이들 읽었어요. 이젠 노래도 서양식 노래를 부르기 시작했지요. 타령이나 민요 대신 **창가**가 널리 유행하였고, 서양식 유화도 그리기 시작했지요. 한국 최초의 서양식 극장인 원각사가 세워져 이곳에서 연극을 공연했어요.

말씀 잘 들었습니다. 한편, 이 시기에는 종교에서도 많은 변화가 나타났습니다. 천주교는 고아원, 학교 등을 세우며 사회사업을 하였고, 개신교 역시 병원과 학교를 세웠어요.

> **창가**
> 개신교 계통의 학교가 늘어나고 찬송가가 불려지면서 서양식 악곡에 우리말 가사를 붙여 부르는 창가가 유행하기 시작했어요.

▲ 최초의 여성 서양화가 나혜석의 「자화상」(왼쪽)과 「무희」(오른쪽)
ⓒwikipedia

▲ 약현 성당(서울 중구) | 우리나라 최초의 서양식 교회 건축물

　동학은 3대 교주인 손병희가 친일을 주장하는 일진회 세력을 쫓아내고 천도교로 이름을 바꾸었어요. 천도교는 조선 사람들의 생각을 깨우치기 위해 다양한 계몽 활동을 펴 나갔지요. 나인영(나철), 오기호 등은 단군 신앙을 발전시켜 대종교를 만들었어요. 대종교는 민족의식이 강한 종교로, 대종교를 통해 우리 민족의 항일 의식을 높일 수 있었어요. 불교에서는 한용운이, 유교에서는 박은식이 개혁을 외쳤어요.

　근대 문물이 들어오자 사람들의 생각도 점차 바뀌었어요. 성리학을 중시하던 조선에서는 이익을 추구하는 장사를 좋지 않게 여겼어요. 그런데 개항과 더불어 이익을 더 얻기 위해 경쟁하는 과정이 사회를 더 발전시킬 수 있다고 생각하게 된 거예요.

　하지만 이런 근대 문물과 근대적인 사상을 누릴 수 있는 사람들은 부유한 조선인과 일본인들뿐이었어요. 게다가 일본은 조선의 근대화를 위해 근대 시설을 만든 것이 결코 아니에요. 더 많이 더 빨리 빼앗기 위해 만든 것이죠. 이 사실을 결코 잊으면 안 될 것입니다.

스페셜뉴스 현장 브리핑

덕수궁에 퍼지는 가비차 향기

김역사 기자

이곳은 덕수궁입니다. 어디선가 가비차 향기가 향기롭게 풍기고 있는데요. 아 바로 정관헌이란 곳에서 흘러나오고 있네요. 그런데 갑자기 무슨 소란이죠? 맙소사! 방금 가비차를 마시던 고종이 쓰러졌다고 합니다!

덕수궁이 위치한 정동 일대에는 대한 제국 당시 여러 외국 공사관들이 위치했어요. 이 무렵 러시아 공사인 베베르와 함께 조선에 들어온 독일 여성 손탁은 궁에서 고종과 왕후 민씨에게 서양 음식을 해 주었죠. 두 사람은 손탁을 매우 아꼈다고 해요. 을미사변 이후 일본인이 독이 든 음식을 올릴 수도 있다고 생각했던 고종은 손탁이 만든 음식만 먹었어요. 러시아 공사관으로 몸을 피한 후에도 계속 손탁의 음식만 고집했죠. 손탁으로부터 커피를 처음 맛본 고종은 커피의 맛에 반해 버렸어요. 그래서 식사를 한 후에는 항상 커피를 마셨죠. 당시에는 커피를 가비라고 불렀어요. 덕수궁으로 돌아온 커피 애호가 고종은 덕수궁 안에 정관헌이라는 건물을 만들어 커피와 간단한 간식을 같이 먹을 수 있도록 했어요.

그런데 김홍륙이라는 사람이 고종을 독살하기 위해 고종이 마실 커피에 아편을 넣었대요. 다행히 커피 향이 평소와 다른 것을 눈치 챈 고종은 목숨을 건졌어요. 김홍륙은 고종이 대한 제국을 선포하려는 것에 불만을 가지고 그런 일을 저질렀다고 해요. 하지만 이런 일도 고종의 커피 사랑을 말릴 수 없었습니다.

한편, 손탁을 아꼈던 고종은 그녀에게 감사의 표시로 한옥을 한 채 주었어요. 손탁은 이 집을 헐고 러시아식 건물을 지어 1층은 커피숍, 2층은 호텔로 사용했어요. 드디어 한성에 커피숍이 들어서게 되었답니다.

고종훈의  한국사 브리핑

사건 핵심 분석 ▶ 대한 제국

QR 코드를 찍으면 고종훈 선생님의 강의를 볼 수 있어요.

시기 ▶ 1897년~1910년
사건의 개요 ▶ 고종이 나라 이름을 대한 제국으로 바꾸다.
고종의 한마디 ▶ 모든 권력을 황제에게!
백성들의 반응 ▶ 1900년대는 뭔가 달라도 다르네.
역사적 중요도 ▶ ★★★☆☆
시험 출제 빈도 ▶ 보통

아관 파천 이후 독립 협회는 고종의 환궁을 요구했어요.

임금이 남의 나라 공사관에 있다는 것은 정말 이상한 일이지요? **독립 협회의 요구로 고종은 결국 1897년 초 덕수궁으로 환궁을 하였습니다.** 덕수궁 가까이에는 미국과 러시아의 공사관이 있어 경복궁보다 안전하다고 생각했거든요.

덕수궁으로 돌아온 고종은 환구단에서 황제 즉위식을 올렸어요.

1897년 가을, 고종은 환구단에서 자신이 황제라는 것을 알리며 황제 즉위식을 올렸습니다. 그리고 조선이라는 국호를 대한 제국으로 바꾸었고, 광무라는 연호를 채택했어요. **모든 권한이 황제에게 있는 자주독립 국가를 꿈꾸었던 거죠.**

고종 황제는 광무개혁을 실시했어요.

광무개혁의 핵심은 근대적 제도와 상공업 진흥 정책이었어요. 우선 전국에 있는 토지의 주인을 밝히고 권리를 인정하는 토지 개혁을 실시했어요. 그리고 각종 공장과 학교 설립, 철도나 전차 운행 등 근대적인 시설도 세웠답니다. 이를 통해 부유하고 강한 나라가 되길 원했던 것이죠.

사건 관계 분석

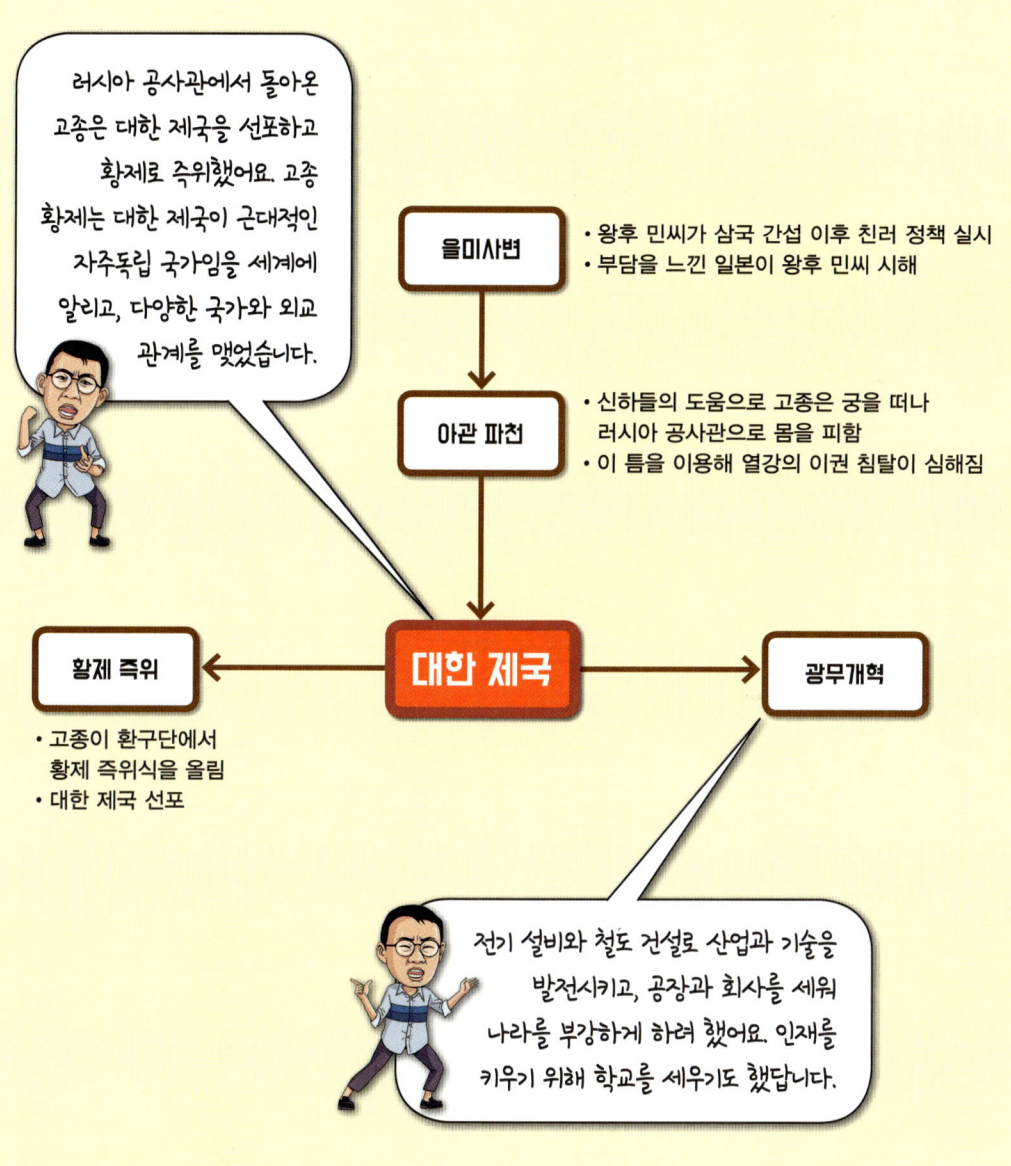

을미사변
- 왕후 민씨가 삼국 간섭 이후 친러 정책 실시
- 부담을 느낀 일본이 왕후 민씨 시해

아관 파천
- 신하들의 도움으로 고종은 궁을 떠나 러시아 공사관으로 몸을 피함
- 이 틈을 이용해 열강의 이권 침탈이 심해짐

대한 제국

황제 즉위
- 고종이 환구단에서 황제 즉위식을 올림
- 대한 제국 선포

러시아 공사관에서 돌아온 고종은 대한 제국을 선포하고 황제로 즉위했어요. 고종 황제는 대한 제국이 근대적인 자주독립 국가임을 세계에 알리고, 다양한 국가와 외교 관계를 맺었습니다.

광무개혁

전기 설비와 철도 건설로 산업과 기술을 발전시키고, 공장과 회사를 세워 나라를 부강하게 하려 했어요. 인재를 키우기 위해 학교를 세우기도 했답니다.

13 을사늑약

일본에 외교권을 빼앗기다

시대 1905년

타임라인 뉴스

1904 러일 전쟁이 일어나다

1905 7월 일본과 미국 사이에 가쓰라-태프트 밀약이 체결되다

1905 11월 9일 이토 히로부미가 서울에 도착하다
11월 10일 이토 히로부미가 고종을 만나고자 했으나 고종이 만나주지 않다
11월 15일 고종을 만나 조약안을 내밀었지만 조정의 반대에 부딪히다
11월 17일 처음 대한 제국 신하들이 조약 체결을 거부하자, 이날 다시 일본이 강압적인 분위기 속에서 회의를 시작하다
11월 18일 고종이 없는 상태에서 을사늑약이 체결되다
11월 20일 장지연이 「황성신문」에 논설 '시일야방성대곡'을 발표하다
11월 22일 고종이 조약의 무효를 선언하다
11월 30일 민영환이 을사늑약의 무효를 주장하며 자결하다

1906 1월 「런던 타임즈」가 일본의 협박과 강압으로 조약이 체결된 사정을 상세히 보도하다
2월 통감부가 설치되고 이토 히로부미가 초대 통감으로 취임하다

1908 미국 샌프란시스코에서 전명운과 장인환이 스티븐스를 사살하다

1909 안중근 의사가 하얼빈에서 이토 히로부미를 사살하다
이재명 의사가 이완용을 암살하려 했으나 실패하다

1 인물 초대석

@생방송한국사

러일 전쟁과 외교전에서 승리한 일본

대한 제국이 개혁을 통해 근대화를 이루고자 노력하고 있지만 쉽지만은 않은 모양입니다. 또 세계 질서는 시시각각 변하고 있는데요. 방금 전 러시아와 일본 사이에 전쟁의 기운이 감돌고 있다는 소식이 들려와 각국 외교관들을 스튜디오에 모셨습니다.

한반도를 둘러싼 각국의 대립이 치열해지고 있습니다.

김역사 기자

지금 스튜디오에는 대한 제국을 둘러싸고 이익을 챙기려고 안달이 난 각국 외교 정상들이 나와 계십니다. 과연 대한 제국을 바라보는 이 나라들의 생각은 어떠한지 자세히 알아보도록 하겠습니다. 우선 대한 제국의 대표부터 만나 보도록 하겠습니다.

오대한

조선이 대한 제국을 선포한 이후 국제 사회의 일원으로 당당하게 참여하고자 노력했던 건 다들 아실 겁니다. 우리 대한 제국은 미국, 영국, 프랑스 등 세계적인 국가들과의 외교 관계를 더 튼튼히 한 건 물론이고 이 나라들에 외교관까지 보냈어요. 물론 청에도 외교관을 파견하고 대등한 외교 관계를 맺었죠. 그런데 고민거리가 하나 있어요. 눈치를 보아 하니 일본과 러시아가 대한 제국을 두고 서로 싸

164 을사늑약 | 일본에 외교권을 빼앗기다

우더라고요. 이 늑대 같은 나라들 사이에서 어떻게 독립을 유지할 수 있을 것인가가 대한 제국 외교관인 저 오대한의 가장 큰 고민입니다.

그럼 그 문제를 해결할 방법은 찾으셨나요?

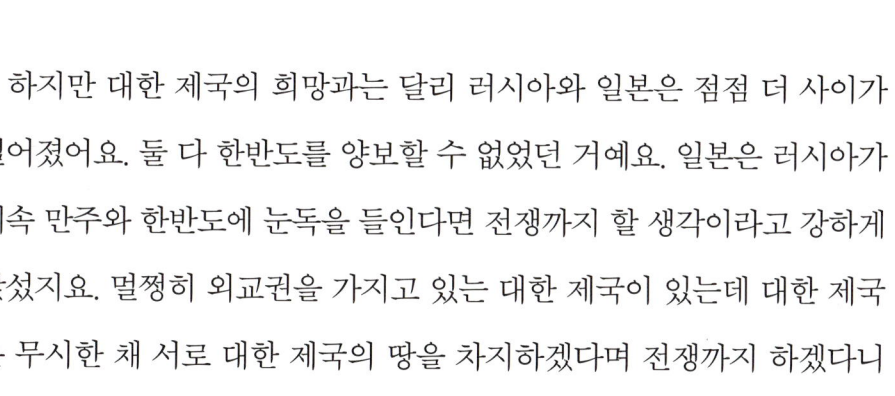

그럼요! 내가 누굽니까? 당연히 찾았지요. 대한 제국을 **중립국**으로 만드는 거예요! 근사하죠? 지금 중립국인 벨기에라는 나라를 보세요. 주변 나라들이 벨기에를 중립국으로 만드는 데 동의를 해서 결국 중립국이 되었잖아요. 대한 제국도 벨기에처럼 하려고요. 우리가 군사력이 우수해서 다른 나라에 "야, 이제 우리 중립국 할 거야. 건드리지 마!"라고 할 수 있는 상황이 아니잖아요. 그러니 벨기에처럼 외교를 통해 중립국을 얻어내는 게 딱 맞을 것 같아요.

중립국
국제 관계에서 대립하고 있는 주요 세력의 어느 한편과도 동맹(同盟)을 맺지 않고 정치적 및 외교적으로 중간적인 입장을 지켜 나가는 나라

하지만 대한 제국의 희망과는 달리 러시아와 일본은 점점 더 사이가 멀어졌어요. 둘 다 한반도를 양보할 수 없었던 거예요. 일본은 러시아가 계속 만주와 한반도에 눈독을 들인다면 전쟁까지 할 생각이라고 강하게 맞섰지요. 멀쩡히 외교권을 가지고 있는 대한 제국이 있는데 대한 제국은 무시한 채 서로 대한 제국의 땅을 차지하겠다며 전쟁까지 하겠다니 참 억울한 노릇이지요?

이런 상황에서 대한 제국이 중립국을 선언했는데요. 당연히 일본과 러시아는 코웃음을 쳤지요. 다급해진 대한 제국은 군사력을 키우려 애썼지만 그러기엔 시간도 부족하고 돈도 부족했어요. 그래서 더욱더 외교 정책에 힘을 쏟을 수밖에 없었어요.

한일 의정서

일본은 전 세계를 상대로 중립국을 선포한 대한 제국에 군대를 보내는 것이 부담스러웠어요. 그래서 일단 군대를 보낸 후 고종 황제를 압박해 '한·일 의정서'라는 조약을 체결했지요. 한·일 의정서에는 "대한 제국은 업무를 볼 때 일본의 충고를 받아들이고, 일본은 전략상 필요한 지점을 사용할 수 있다."라는 내용이 들어있어요. 내정 간섭에 군사 파견까지 할 수 있는 권리를 얻은 셈이죠.

러시아의 상황

러일 전쟁 중이던 1905년 1월 22일 일요일, 러시아의 많은 노동자가 군대에 의해 죽임을 당한 사건이 발생했어요. 이를 '피의 일요일 사건'이라고 하죠. 이 사건으로 러시아에서는 전국적으로 혁명의 기운이 높아졌어요. 이에 러시아 정부는 민중의 요구를 받아들여 개혁을 추진했어요.

그러는 한편 대한 제국은 만일의 경우에도 대비해야 했지요. 혹시 두 나라 사이에 전쟁이 일어난다면 바로 옆에서 한반도를 노리는 일본보다 러시아 편을 들기로 비밀리에 결정해 놓은 거예요. 그리고 실제 중립 선언은 한반도가 아니라 중국에서 했어요. 당시 한반도는 전화와 전신선을 일본이 장악하고 있었으니까요. 영국과 프랑스, 독일, 덴마크 등에서는 긍정적인 반응의 회신을 보냈지만 정작 대한 제국의 중립화를 위해 꼭 필요한 러시아와 일본은 아무 대답이 없었어요.

1904년 2월 8일, 결국 러시아와 일본 간에 전쟁이 벌어졌어요. 일본은 대한 제국에 대규모의 군대를 보내고는 **한일 의정서**를 체결했지요. 또 러시아가 내려오기 전에 군사적으로 중요한 곳을 모두 차지해 버렸어요. 반면, 당시 국내 문제로 혼란스러웠던 러시아는 전쟁에 집중할 수 없었지요. 결국 승리는 일본이 차지했어요.

이제 미국 대표를 만나보도록 하겠습니다.

태프트

우리 미국은 사실 한반도에는 별 관심이 없어요. 필리핀을 차지하고 싶을 뿐이죠. 그래서 제가 일본 총리인 가쓰라를 만났죠. "너희 일본이 대한 제국을 지배하는 것을 인정할 테니, 너희도 미국이 필리핀을 식민지화하는 걸 인정하면 어떨까? 누이 좋고

매부 좋고!" 당연히 일본은 좋아했죠. 이 회담을 가쓰라-태프트 밀약이라 해요.

그렇군요. 이미 일본은 세계를 대상으로 한반도를 장악하기 위한 외교 전쟁을 벌이고 있었던 겁니다. 그럼 마지막으로 영국 대표를 만나볼까요?

조쉬

영국은 지금 저 거대한 청을 어떻게 차지할까 골머리를 앓고 있는데 조그만 대한 제국이 눈에 들어오기나 하겠어요? 중국의 땅덩이를 생각해 보세요. 이익은 중국이 훨씬 크다니까요. 그런데 이런 생각을 하는 나라가 어디 영국뿐이겠어요? 이럴 때 필요한 건 뭐? 정답은 외교! 최대한 우리 영국 편을 많이 만들어 놔야죠.

그래서 일본을 우리 편으로 만들 필요가 있었어요. 그럼 우리도 일본에게 뭔가를 줘야 하는 게 외교 아니겠어요? 영국은 일본이 대한 제국을 차지하는 것을 인정해 주기로 했지요. 당연히 일본은 영국이 청을 차지하는 데 다른 나라와 문제가 생기면 영국 편을 들어주기로 하고요.

네, 말씀 잘 들었습니다. 러일 전쟁에서 결국 일본이 승리하였습니다. 전쟁에서 패배한 러시아는 일본과 **포츠머스 조약**을 맺어 한반도에 대한 일본의 우월적 지위를 인정해 주었어요. 이로써 영국을 포함해 미국, 러시아까지 한반도에서 일본의 우위를 인정하게 되었습니다. 이제 대한 제국은 일본의 손에 넘어간 것이나 마찬가지가 되었습니다. 이상 뉴스를 마치겠습니다.

포츠머스 조약
러시아는 국내 상황이 혼란스러워지자 빨리 러일 전쟁을 끝내고 싶어 했어요. 일본도 강대국인 러시아를 상대로 계속 전쟁을 하는 것이 부담스러웠지요. 이때 미국이 두 나라 사이에서 활약을 했어요. 두 나라 외교관을 미국의 항구 도시인 포츠머스로 불러 조약을 체결하라고 했지요. 이렇게 맺어진 조약이 바로 포츠머스 조약이에요. 이 조약에는 러시아가 대한 제국을 일본이 지도·감리·보호하는 것을 인정한다는 내용이 담겨 있어요.

2 심층 취재

생방송 한국사

일본, 대한 제국의 외교권을 빼앗다!

러일 전쟁에서 일본이 승리하였습니다. 대한 제국의 운명은 어떻게 될까요? 그동안 국제 사회의 일원이 되고자 했던 대한 제국의 노력은 수포로 돌아갈까요? 러일 전쟁 이후 대한 제국에 관리를 파견한 일본의 숨은 속내는 또 무엇일까요? 김역사 기자가 취재했습니다.

러일 전쟁에서 승리한 일본은 대한 제국에 관리를 파견했습니다.

김역사 기자

1905년 11월 9일, 이토 히로부미는 일본 왕의 **특사** 자격으로 대한 제국에 들어왔습니다. 한성에 들어온 직후 별다른 활동을 하지 않던 그는 다음날 경복궁에 있는 고종 황제를 **알현**하겠다고 요구했어요. 하지만 고종 황제는 이토 히로부미를 만나 주지 않았습니다.

"지금 몸이 불편하니 다음에 보는 것이 좋겠소."

어쩔 수 없이 이토 히로부미는 발걸음을 돌려야 했죠. 다음 날, 이토 히로부미는 다시 고종 황제의 알현을 요구합니다. 하지만 고종 황제의 태도는 변함이 없었어요.

1905년 11월 15일 오후 3시, 이토 히로부미는 강압적인 분위기를 만들어 결국 고종 황제를 만나는 데 성공했습니다. 그리고 일본 천황이 직접 쓴 조약을 내밀었어요. 그리고 오후 7시까지 네 시간 동안 고종 황제

168 을사늑약 | 일본에 외교권을 빼앗기다

를 윽박질렀죠. 조약을 체결해야 한다면서요. 조약을 읽은 고종 황제의 얼굴 빛이 하얗게 질렸어요.

어떤 내용이었냐고요? "대한 제국은 일본의 보호를 받아야 하는 약한 나라이므로, 앞으로 어떤 외교 활동도 할 수 없고 일본 정부가 모든 외교적 권한을 갖는다."라는 내용이 있었어요. 바로 대한 제국을 일본의 보호국으로 만들겠다는 내용이지요.

당연히 고종 황제는 받아들일 수 없었어요. 고종 황제는 나라의 대신들과 의논도 하고 각계각층의 의견도 들은 후 결정하겠다고 미루었지요. 이토 히로부미도 지지 않았어요. 황제 국가에서 황제가 결정하면 되는 일이지 왜 핑계를 대면서 미루냐고 윽박지른 거예요.

1905년 11월 16일, 이토 히로부미는 대한 제국 정부의 관리들을 불러 모았습니다. 그리고 대한 제국이 일본의 보호국이 되는 것은 어쩔 수 없는 상황이라고 소리 높여 외쳤지요.

▲ 이토 히로부미

오늘은 1905년 11월 17일입니다.

덕수궁에서는 고종 황제와 대신들 간에 회의가 열렸습니다. 3시간이 넘는 회의 시간 동안 **한규설**은 **울분**을 토하며 조약에 반대했어요. 이때 이완용이 나서서 일본은 이제 인정할 수밖에 없는 큰 세력이 되었으니 조약을 체결하는 것이 나라에 이로울 것이라고 말했지요. 옆에 있던 이지용도 이완용의 의견에 찬성했어요. 그러나 고종은 한규설의 의견을

특사
특별한 임무를 띠고 파견하는 사절

알현
지체가 높고 귀한 사람을 찾아가 뵘

한규설
대한 제국의 무신으로 1905년 을사늑약에 반대하다 파면되었지요. 1910년 일제는 한규설에게 남작 작위를 주었지만 한규설은 거절했어요. 그 후로는 이상재 등과 조선 교육회를 만들고 민립 대학 설립 운동에 참여하는 등 조선의 독립을 위해 끝까지 애썼어요.

169

울분
답답하고 분함. 또는 그런 마음

채택했어요. 이 사실은 곧장 일본 공사 하야시의 귀에 들어갔지요.

이날 밤 8시, 이토 히로부미가 덕수궁으로 쳐들어오다시피 했어요. 궁 주변을 일본군이 지키는 가운데 회의가 다시 열렸죠. 고종 황제는 몸이 아프다며 자리를 피했어요. 한규설은 조약이 체결되면 자결하겠다고 소리치다 일본군에 의해 회의장 밖으로 끌려 나갔어요.

일본이 무서워 벌벌 떨던 신하들은 일본이 조선 황실의 안전을 보장한다면 동의하겠다고 말했어요. 또 어떤 신하들은 황제가 동의하면 자신도 동의하겠다고 말했지요. 그러자 이토 히로부미는 고종 황제가 반대한 적이 없으니 찬성이나 마찬가지라며 억지를 부렸어요.

1905년 11월 18일 새벽 1시, 일본의 하야시 공사와 외부대신 박제순 간에 조약이 체결되었어요. 그 순간까지도 고종 황제는 나타나지 않았지요.

이제 대한 제국은 대한 제국이라는 이름으로 국제 사회에서 어떤 활동도 할 수 없게 되었어요. 사실상 식민지로 전락한 것이었죠. 이때 일본의 편에 서서 조약 체결에 앞장 선 다섯 명을 을사오적이라고 불러요. 이완용·박제순·이지용·이근택·권중현이 바로 을사오적이에요.

▲ 을사오적 | 이완용, 박제순, 이지용, 이근택, 권중현(왼쪽 부터)

당시 고종 황제의 심정은 어땠을까요? 고종은 정부 대신들에게 배신감을 느끼며 눈물을 흘렸다고 해요. 그리고 얼마 후에는 각 지방에 비밀스런 글을 보내 의병을 일으키라고 했어요. 또 조병세·민영환·이근명 등을 비롯한 대신들은 을사오적의 **탄핵**과 조약 체결 반대의 뜻을 담은 상소문을 빗발치듯 올렸어요.

이것이 을사**늑약**이에요. 그런데 고종 황제가 인정하지 않은 을사늑약이 국제 문서로서 자격이 있을까요? 을사늑약 원본에는 조약의 제목조차 들어가 있지 않고, 조약서에 도장을 찍은 외무대신 박제순은 조약 체결권을 **위임**받지도 못했어요. 이 조약은 고종 황제가 최종적으로 동의하지도 않았고 강요로 체결되었기 때문에 정식 조약이 아니에요.

시시각각 조여 오는 일본의 검은 손. 그 끝은 무엇일까요?

탄핵
죄상을 들어서 해임하거나 처벌하는 일

늑약
억지로 맺은 조약

위임
어떤 일을 책임 지워 맡김. 또는 그 책임

3 헤드라인 뉴스

을사늑약 체결. 국민들이 얼마나 분통이 터지고 억울했으면 '을사년스럽다'라는 말까지 나왔을까요? 이후 이 단어는 '을씨년스럽다'로 변형되어 오늘날까지 사용되고 있는데요. 을사늑약 체결 이후 대한 제국의 관리와 국민들의 반응을 김역사 기자가 취재했습니다.

김역사 기자

1905년은 을사년입니다. 을사년에 체결된 보호 조약인 을사늑약으로 대한 제국은 이제 국제 사회에서 없어져 버렸어요. 세계를 상대로 대한 제국은 이제 더 이상 어떤 말도, 어떤 권리 주장도 할 수 없게 되었죠. 일본은 단지 외교권만 가져갈 뿐이고 정치는 고종 황제가 할 수 있다고 했지만 그건 누가 봐도 뻔한 거짓말이었어요. 정치적 판단 속에서 외교 정책도 나오는 것이니 사실은 일본이 정치와 외교를 비롯한 대한 제국의 모든 것을 좌지우지하겠다는 속셈이었지요.

1905년 11월 20일, 대한 제국이 일본의 보호국이 되었다는 사실이 전 국민에게 알려졌어요. 이날 「황성신문」에는 특별한 글이 실렸어요. 바로 장지연의 '시일야방성대곡(오늘 큰 소리로 목놓아 슬피 우노라)'이라는 사설이에요.

172 을사늑약 | 일본에 외교권을 빼앗기다

장지연의 시일야방성대곡

… 저 개, 돼지 같은 대신들이 나라를 팔았다. 삼천리강토와 500년 왕국을 남의 나라에 넘기고 우리 이천 만 동포는 남의 노예가 되었구나! 아, 분하다! 살았는가, 죽었는가! 단군 이래 사천 년 국민정신이 하룻밤 사이에 별안간 멸망하고 말 것인가? 원통하고 분통하도다! 동포여! 동포여!

11월 30일, 민영환은 이천 만 동포에게 사죄한다는 편지를 남기고 자결했어요. 민영환은 동포에게 보낸 유서 외에도 각국 외교관에게 보내는 유서와 고종 황제에게 보내는 유서도 남겼어요.

자결

의분을 참지 못하거나 지조를 지키기 위해 스스로 목숨을 끊음

민영환의 유서

슬프다. 국가적인 치욕이 여기에 이르렀으니 우리 백성은 장차 생존 경쟁에서 모두 멸망하게 되었다. 무릇 삶을 구하는 자는 반드시 죽고, 죽기를 각오한 자는 반드시 삶을 얻는다는 진리를 여러분은 알 것이다. 부디 우리 동포 형제들은 끝없이 노력하여 자신을 굳게 하고 학문에 힘써 우리의 자유와 독립을 회복하라. 그러면 죽은 자가 땅속에서 기뻐 웃을 것이다. 슬프다! 그러나 조금도 실망하지 말라!

각국 외교관에게 보낸 유서에는 일본의 악행을 본국에 알려 대한 제국의 독립을 위해 도와달라는 부탁도 했어요. 조병세, 홍만식, 송병선 등

도 잇따라 목숨을 끊었어요.

이보다 앞선 시기인 1905년 5월, 영국에 외교관으로 나가 있던 이한응은 대한 제국에 불리하게 돌아가는 국제 정세를 돌려보려고 애쓰다 잘 되지 않자 이를 한탄하며 자살했어요. 이한응의 자결은 을사늑약 체결 이후 세상에 자세히 알려지면서 많은 사람들의 마음을 아프게 했지요.

분개
몹시 분하게 여김

러시아에서 외교 활동을 하던 이범진도 을사늑약에 **분개**했어요. 외교 활동이 불가능한 상황에서도 이범진은 끝까지 대한 제국을 위해 일했지요. 시간이 지나서는 자신의 재산을 정리해 연해주의 항일 운동 단체를 돕다가 국권을 완전히 빼앗기자 권총을 손에 쥔 채 목을 매 자결했어요.

나인영(나철)과 오기호 등은 조약 체결에 앞장선 다섯 명을 처단하기 위해 오적 암살단을 조직하여 활동했어요.

한편, 미국에서는 일본의 추천으로 대한 제국에서 관리로 일했던 스티븐스가 "대한 제국은 미국이 필리핀에서 한 것처럼 일본의 통치에 의해 제대로 발전하고 있다. 이완용 같은 충신과 이토 히로부미가 있는 것은 대한 제국에 큰 행복이다."라고 말하며 다녔어요.

1908년, 샌프란시스코에 도착한 스티븐스가 차 문을 열고 나오려 할 때 한 남자가 손수건으로 감싼 권총을 스티븐스를 향해 쏘았어요. 하지만 권총은 작동하지 않았죠. 그러자 그 남자는 총으로 스티븐스의 얼굴을 공격하며 몸싸움을 벌였죠. 이때 또 다른 남자가 스티븐스를 향해 세 발의 총을 쏘았어요. 첫 총알은 자그마한 동양인의 어깨에 맞았고 나머지 두 발은 정확히 스티븐스를 맞춰 그는 이틀 만에 죽고 말았어요.

174 을사늑약 | 일본에 외교권을 빼앗기다

먼저 공격했던 사람은 전명운이고 나중에 총알을 명중시킨 사람은 장인환이에요. 두 사람은 서로 얼굴도 모르는 사이였지만 공교롭게도 같은 날 거사 일정을 잡았고, 결국 스티븐스를 처단하였어요.

다음 해인 1909년에는 안중근 **의사**가 이토 히로부미를 하얼빈 역에서 죽였어요. 이 소식은 스페셜 뉴스에서 자세히 알아보겠습니다.

1909년 명동 성당에서는 사망한 벨기에 국왕의 추도식이 열렸어요. 이완용은 이 추도식에 참석한 후 인력거를 타고 명동 성당에서 나오고 있었죠. 이때 갑자기 한 남자가 나타나 이완용을 향해 칼을 세 번 휘둘렀어요. 이완용은 폐와 신장에 칼을 맞았지만 죽지는 않았어요.

이 일을 해 낸 사람이 이재명 의사예요. 이재명 의사는 재판 과정에서 판사가 배후를 묻자 "우리 이천 만 동포가 모두 배후다."라고 말했어요. 판사가 증거물인 칼을 들이대며 이 칼이 범죄를 저지를 때 쓴 것이냐고 묻자 "범죄가 아니라 **매국노** 이완용을 죽이는 정의를 위해 사용된 것이다."라고 말했죠. 이재명 의사는 결국 일본에 의해 사형을 당했어요. 그때 그의 나이는 겨우 스물이었답니다.

돈과 권력을 쫓아 을사늑약의 체결에 적극적이었던 을사오적과 같은 사람들도 있었지만 이처럼 많은 사람들이 을사늑약에 저항하며 **의거** 활동을 하였습니다.

의사
나라와 민족을 위하여 제 몸을 바쳐 일하려는 뜻을 가진 사람

매국노
사사로운 이익을 위하여 나라의 주권이나 이권을 남의 나라에 팔아먹는 행위를 하는 사람

의거
정의를 위하여 개인이나 집단이 의로운 일을 도모함.

매국노 이완용! 이천 만 동포가 지켜보고 있다!

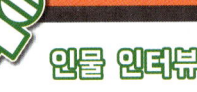

스페셜뉴스 인물 인터뷰

무능력하기만 한 고종 황제?

안녕하십니까? 오늘 이 자리에는 고종 황제를 모셨습니다. 여러분은 고종 황제를 어떻게 생각하십니까? 혹시 일본에 제대로 대응 한 번 해보지 못하고 나라를 식민지로 전락시킨 무능력한 지도자로 생각하고 있지는 않으신지요? 정말 고종 황제가 그런 사람인지 판단하기 위해서는 고종 황제를 직접 만나 어떤 일을 했는지 들어볼 필요가 있을 것 같습니다. 그래서 이 자리에 어렵게 고종 황제를 모셨습니다. 고종 황제님, 안녕하세요. 우선 을사늑약의 내용을 간단히 설명해주시겠어요?

고종 황제

국민들 앞에서 인사조차 제대로 하기 송구스럽군요. 바로 질문에 대한 답변을 하겠습니다. 첫째는 우선 외교권을 일본에 넘겼다는 것이지요. 둘째는 통감부의 통치를 받게 된 것입니다. 통감부란 조선 황실의 안녕과 평화를 유지한다는 명분으로 세워진 기구예요. 통감부의 우두머리인 통감은 을사늑약에 의하면 외교 업무만 담당하는데요. 실제로는 대한 제국의 모든 일을 처리한다고 생각하시면 돼요. 초대 통감이 누구인지 아십니까? 바로 을사늑약을 강요한 이토 히로부미랍니다.

앵커

을사늑약 이후 대한 제국의 모습은 어떻게 달라졌나요?

나는 대한 제국을 선포한 뒤 각국에 외교를 담당할 관리를 파견하여 성실하게 외교적 노력을 했습니다. 그런데 을사늑약으로 갑자기 외교권이 사라지면서 각국 외교 사절단이 서울을 떠나기 시작하더군요. 제일 먼저 미국 정부가 11월 24일자로 철수했습니다. 다른 나라도 12월 초가 되면 떠나겠다는 의사를 밝히더군요.

또, 통감으로 이토 히로부미가 우리 땅에 들어왔소. 그는 공식적으로는 1906년 2월부터 일을 시작했어요. 그는 수시로 나를 찾아와 협박하고, 회의에 나타나 간섭을 하더군요. 관리도 마음대로 임명하면서 자신이 마치 대한 제국의 황제인 양 행동했습니다.

을사늑약 | 일본에 외교권을 빼앗기다

 황제께서는 그런 일을 당할 때 어떤 자세를 취하셨는지요?

 이토에게 굴하지 않기 위해 제가 정신을 바짝 차려야 했어요. 이토가 일본에 일이 있어 가게 되면 그 틈을 놓치지 않고 친일파 대신들을 바로 내보냈어요. 짐작하시겠지만 일본의 감시는 엄청났어요. 하지만 친일파가 있다면 충신도 있는 법입니다. 어떻게든 감시망을 뚫고 저는 의병 봉기를 지시하기도 했죠.

 대한 제국 황제로서 외교에 무척 신경 쓰셨잖아요. 을사늑약 이후에는 외교를 포기하셨나요?

 절대 아닙니다. 오히려 국권을 회복하려면 외국의 힘을 빌려야 할 것 같아 통감 몰래 최대한의 외교적 노력을 기울였어요. 내가 믿고 의지하는 신하를 통해 러시아 황제에게 러시아의 보호를 요청하는 편지를 전달하기도 했습니다. 하지만 러시아는 러일 전쟁에서 일본에 패배한 후 더 이상 한반도 문제에 손대지 않겠다고 일본과 조약을 맺은 터라 소용이 없더군요.
　저는 고문인 헐버트를 미국으로 보내 을사늑약의 무효를 알리고자 했지만 미국은 들어주지 않았어요. 또, 미국 공사로 일했던 알렌에게 제법 큰 돈을 주고 법률가를 고용해 대한 제국의 상황을 조사해 달라고 했죠. 하지만 알렌 역시 미국이 일본과 손을 잡아 일을 하기 어렵다더군요. 열강이 공동으로 한반도를 보호해 달라고 영국에 요청하기도 했고요.

 마지막으로 고종 황제를 일본 앞에 나약하게 무릎 꿇은 무능한 군주로 보는 시각에 대해서는 어떻게 생각하십니까?

 나라를 이 지경으로 만들었으니 입이 열 개라도 할 말이 없습니다. 하지만 대한 제국의 황제로서 일제의 식민지로 전락하는 것을 막기 위해 최선을 다했다는 것만 알아 주셨으면 좋겠습니다.

스페셜뉴스  비하인드 뉴스

우리도 할 말 있다! 친일파의 속마음 전격 공개!

이완용

이완용하면 친일파가 떠오른다고요? 뭐~ 세상이 어떻게 생각하든 저는 살아서 부귀영화를 누렸으니 신경 안 쓰려고요. 나를 친일파라고 욕하는 사람들을 보면 내가 잘 살 때 힘들게 살아서 질투를 하는 듯한 느낌도 들어요.

믿을지 모르겠지만 난 신동 소리를 듣던 아주 똑똑한 아이였어요. 당연히 과거에도 떡하니 붙었죠. 그런데 세상 돌아가는 눈치를 보니 유학만으로는 안 된다는 걸 딱 알겠더라고요. 그래서 최초의 관립 학교인 육영 공원에 들어가 외국어 공부를 열심히 했어요.

그 덕에 나는 친미파 관리가 되었지요. 그런데 아관 파천이 일어났지 뭐예요. 그래서 눈치를 보며 러시아 비위를 맞춰 주었는데, 이번에는 일본 세상이 오더라고요. 내 선택은 당연히 일본! 을사늑약 체결에 제가 앞장섰다는 건 다들 아시죠? 이후 부와 권력을 누리며 편안하게 남은 생을 마쳤어요. 부럽죠?

이지용

내 이름이 좀 낯설다고요? 을사늑약 체결에 앞장섰던 을사오적 중 한 명이라면 기억할까 모르겠네요. 난 신분도 남달라요. 사도 세자의 5대손으로, 고종의 5촌 조카니까 왕실 가족인 거죠.

난 17세에 과거에 합격해 관리가 되었어요. 다들 짐작하시겠지만 청렴한 관리는 아니었어요. 내가 청렴했으면 친일파가 되었겠어요? 어쨌든 난 뇌물을 받고 군수직을 15개나 팔아치웠어요. 이때 돈 좀 벌었는데…. 생각해 보니 그 시절이 그립네요. 러일 전쟁 중에는 일본 공사 하야시로부터 돈을 엄청 받고 한일 의정서 체결에 공을 세웠어요. 을사늑약 때 제 활약은 그야말로 눈부셨죠. 당연히 일본으로부터 대가를 받았을 것이라고 짐작할 수 있으실 거예요.

그런데 이 무렵 저에게 새로운 세상이 열리더라고요. 혹시 화투라는 걸 아시나요? 이 오묘한 세계에 빠져버린 거예요. 결국 저는 나라 판 돈을 화투판에서 날려버렸어요. 아이고 내 팔자야~!

178 을사늑약 | 일본에 외교권을 빼앗기다

박제순

안녕하세요. 저도 을사오적 중 한 사람이에요. 고민고민하다 어쩔 수 없이 을사늑약에 도장을 찍었는데, 이런 내 마음도 모르고 길거리에서 백성들에 의해 죽을 뻔 하지 않았겠수? 그래서 이럴 바에야 대놓고 친일을 하기로 결심했지요.

을사늑약 체결에 앞장선 대가는 충분히 받았죠. 돈도 받고, 땅도 받고, 친일파로서 관리가 되었으니 명예도 얻었고…. 전 만족해요.

전 이런 영광을 자손들이 이어가길 바랐어요. 부모로서 당연한 욕심 아닌가요? 아들까지는 그럭저럭 제 뜻을 잘 따라 주었는데, 손자라는 놈이 도통 제 말을 듣지 않더라고요. 손자놈 이름은 박승유라고 해요. 손자 놈 출세를 위해서 그 녀석을 힘들게 일본군에 넣었거든요. 그런데 이 놈이 할아버지가 을사오적 중 한 명인 게 부끄럽다며 일본군을 탈출해 독립군에 들어갔지 뭐예요. 거기서 너무 일을 많이 저질러 일본이 얼마나 애를 먹었다고요. 에이~ 나쁜 손자놈, 박승유!

이근택

저는 다른 을사오적과는 좀 차원이 달라요. 제 형제들이 모두 친일파여서 다섯 명이나 일본으로부터 귀족 신분을 받았다니까요. 전 하소연 좀 하려고요.

혹시 기산도라는 놈을 아시나요? 이놈이 을사오적 암살단을 꾸려서 밤에 몰래 우리 집에 들어왔더라고요. 그 삼엄한 경비를 어떻게 뚫었는지…. 기산도 때문에 얼마나 많이 칼에 맞았는지 몰라요. 그래도 다행히 목숨은 건질 수 있었죠. 기산도는 잡혀서 일본군에 끌려가 여덟 손가락에 못이 박히는 모진 고문을 받았거든요. 아, 그런데도 정신을 못 차리고 독립군이 되더라니까요.

어쨌든 전 친일파로 활동하면서 귀족 신분도 얻고, 돈과 땅도 많이 받았어요. 그런데 광복 후에 제 땅을 친일 활동으로 받은 땅이라며 나라에서 빼앗아갔다지 뭐예요. 그래서 제 후손들은 아홉 차례나 조상이 얻은 땅을 돌려달라고 소송을 했다는군요. 제 후손들이 크게 잘못한 건가요?

동아시아 평화의 상징, 안중근

▲ 안중근 의사

탕! 탕! 탕!
 1909년 10월 26일 만주 하얼빈 역에서 세 발의 총성이 울렸습니다. 한 조선인 청년이 이토 히로부미를 정확히 조준하고 총을 쏜 것이에요. 이 청년과 이토 히로부미 사이는 불과 10발자국. 두 발은 이토 히로부미의 가슴을, 나머지 한 발은 배를 관통했어요. 사람들은 이토 히로부미를 기차 안으로 옮겼지만 30분 만에 죽고 말았지요.
 청년은 총을 쏜 뒤, "꼬레아 우라, 꼬레아 우라, 꼬레아 우라!(코리아 만세)"를 외쳤어요. 그리고 러시아 군대를 향해 직접 걸어가 총을 넘겼지요. 그 청년은 다름 아닌 안중근! 이후 안중근은 일본으로 넘겨졌어요. 당시 하얼빈은 러시아 영토였기 때문에 러시아 법정에 서는 것이 맞지만 러시아는 골치 아픈 일에 얽히기 싫어 안중근을 일본에 넘긴 거예요. 안중근은 11월 1일 일본의 영향력 아래에 있는 뤼순 감옥으로 옮겨져 심문을 받았고, 다음 해인 1910년 2월 7일 재판이 열렸어요. 안중근은 재판 과정 내내 자신을 한낱 살인자로 취급하지 말아달라고 했어요.

안중근 의사의 법정 투쟁

검 사 : 범행 동기가 무엇인가?
안중근 : 나는 일본 재판소에서 재판받을 의무가 없소. 나는 의병의 참모장으로서 독립 전쟁을 하는 중이고, 그 방법으로 이토를 죽였소. 따라서 나는 살인을 저지른 형사범이 아니라 전쟁 포로요!
검 사 : 한국이 문명개화로 능력을 갖추면 일본이 보호할 필요가 없지만 당신과 같이 스스로 망치는 행동을 하면 통감 제도는 영구히 존속되지 않겠는가?
안중근 : 한국의 흥망은 한국인의 생각에 달렸소! 한국은 오늘날까지 진보해 왔소!

을사늑약 | 일본에 외교권을 빼앗기다

> 검　사 : 청이나 러시아에 대항할 힘이 없는 한국을 그대로 두면 망하지 않겠는가? 그래서 일본이 보호해 주려고 한 것이다.
> 안중근 : 그렇다면 우리 황제를 협박해 을사늑약을 강제로 체결한 이유는 무엇인가? 또 통감 제도 실시 이후 수많은 우리 인민을 무참히 학살하고 있는 이유는 무엇인가? 도대체 이토는 우리를 보호해 준 것이 하나라도 있는가? 일본은 우리를 집어삼키려만 할 뿐이오.

　안중근은 감옥에 있는 동안 동양 평화론을 집필했어요. 그는 동양의 평화란 중국·일본·대한 제국 등 모든 아시아 나라가 대등한 독립 상태 속에서 같이 존재하는 것으로, 한 나라라도 독립하지 않은 상태는 동양 평화가 아니라고 주장했답니다.

　1910년 3월 26일 안중근은 결국 사형당하였습니다. 사형이 집행되기 전 안중근의 동생들은 형을 만나는 마지막 자리에서 어머니의 말씀을 전했어요.

> 네가 만약 늙은 어미보다 먼저 죽는 것을 불효라 생각한다면 이 어미는 웃음거리가 될 것이다. 너의 죽음은 너 한 사람의 것이 아니라 조선인 전체의 분노를 짊어지는 것이다. 네가 항소를 한다면 그것은 일제에 목숨을 구걸하는 짓이다. (중략) 여기에 너의 수의를 지어 보내니 이 옷을 입고 가거라. 어미는 현세에서 너와 재회하기를 기대치 않으니 다른 세상에는 반드시 선량한 하나님의 아들로 태어나 이 세상에 나오너라.

　훌륭한 어머니와 훌륭한 아들이지요? 안중근 의사는 우리가 잊지 말아야 할 우리 민족의 영웅이에요.

고종훈의 한국사 브리핑

사건 핵심 분석 ▶ 을사늑약

QR 코드를 찍으면 고종훈 선생님의 강의를 볼 수 있어요.

시기 ▶ 1905년
사건 요약 ▶ 일본이 대한 제국의 외교권을 빼앗기 위해 강제로 조약을 체결함
사건 진행자 ▶ 을사오적이라는 친일파 관리
백성의 반응 ▶ 차라리 죽음을 달라! 이완용 나쁜 놈!
백성들의 말말말 ▶ 을사늑약은 정말 을씨년스럽군.
역사적 중요도 ▶ ★★★☆☆
시험 출제 빈도 ▶ 보통

일본이 대한 제국의 외교권을 빼앗기 위해 을사늑약 체결을 강요했어요.

이토 히로부미는 대한 제국의 외교권을 일본에게 넘기고 일본국 보호국이 되라고 압박했어요. 그런데 고종이 이를 계속 거부하자 **일본은 을사늑약 체결에 동조했던 5명의 대신을 앞세워 고종의 허가 없이 단독으로 을사늑약을 체결했어요.**

을사늑약의 체결이 알려지자 전국 곳곳에서 저항이 일어났어요.

을사조약 체결 후 **민영환은 유서를 남기고 자결**했습니다. 또 **장지연은 황성신문에 시일야방성대곡이라는 항일 논설을 발표**했어요. 나라 곳곳에서 **의병**이 일어났지요. 게다가 을사늑약에 앞장선 을사오적을 처단하자는 암살단이 조직되기도 했답니다.

안중근 의사는 을사늑약 체결에 중요한 역할을 한 이토 히로부미를 사살하기로 했어요.

안중근은 1909년 일본인인 체하며 하얼빈 역에 들어가 이토 히로부미를 총으로 쏴 죽이고, 러시아 경찰에 자진해서 체포되었어요. 안중근 의사는 뤼순 감옥에서 재판을 받다가 1910년 3월 26일에 처형당하였습니다.

14 헤이그 특사

세계를 향한 마지막 몸부림

시대 1907년

타임라인 뉴스

1905 을사늑약이 체결되다

1906 러시아로부터 만국 평화 회의 초대장을 받다

1907.6. 특사단이 헤이그에 도착하다

1907.7. 특사단이 각국 기자들에게 을사늑약의 부당함을 알리다

1907.7. 일제가 고종 황제를 강제로 퇴위시키다

1 심층 취재

생방송 한국사

세계에 을사늑약의 부당함을 알려라!

헤이그란 곳을 아십니까? 유럽의 네덜란드에 있는 도시입니다. 그곳에서 열리는 만국 평화 회의에 고종 황제가 우리 대표를 파견했다는데요. 과연 일본은 어떤 반응을 보일지 궁금하군요. 이 사건을 취재한 김역사 기자를 불러 보겠습니다.

김역사 기자

여기는 만국 평화 회의가 열리고 있는 네덜란드 헤이그입니다.

고종 황제는 대한 제국 당시 네덜란드 외무 장관을 통해 **만국 평화 회의**에 가입을 해 놓았습니다. 1907년에 열린 만국 평화 회의는 러시아가 주관했어요. 대한 제국에 미련이 남았던 러시아는 이 회의에 대한 제국을 초대했어요. 그런데 국제 정세가 바뀌면서 러시아의 태도도 바뀌었어요. 도와줄 것처럼 보였던 러시아는 이제 일본과 잘 지내는 편이 낫다고 생각한 거죠.

하지만 고종 황제는 희망을 버리지 않고 국제 사회에 을사늑약의 부당함을 알리려고 하였어요. 일본이 대한 제국을 보호국화하는 것이 법률적으로 불법임을 밝히기 위해 검사 출신 이준을 특사로 선발했어요. 함께 가게 된 사람은 이상설과 프랑스 유학 경험이 있는 이위종이었지요. 이들은 회의 참석 전에 러시아 황제를 만나려 했지만 황제는 만나 주지 않았어요. 실망감을 안은 채 세 사람은 네덜란드로 향했지요. 여기서 이준 씨를 만나보도록 하겠습니다.

이준

러시아 황제를 만나 대한 제국의 입장을 자세히 설명하고 도와달라고 부탁을 하고 싶었습니다. 그런데 만나 주질 않으니…. 조국의 앞날을 생각하니 앞이 캄캄하더군요.

특사단은 러시아에 들렀다 가느라 회의가 시작된 지 열흘이 지나서야 헤이그에 도착했어요. 특사단은 도착하자마자 영국을 비롯해 프랑스, 미국, 독일 등과 면담을 하려 했지만 아무도 만나 주지 않았어요. 을사늑약으로 외교권이 없다는 이유를 대며 거절한 거예요.

이 모습을 본 **헐버트**는 안타까운 마음에 각국 신문 기자단이 모이는 국제 협회라는 회의에서 특사단이 대한 제국을 위한 주장을 펼칠 수 있도록 해 주었어요. 특사단은 미리 준비한 회견문을 언론에 발표했습니다.

그럼 연설을 마친 이위종 씨를 만나볼까요?

안녕하세요. 저는 지금 프랑스 어로 이곳에 모인 사람들에게 일본이 강제로 을사늑약을 체결하게 했다고 외치고 있던 중이었어요. 이는 명백한 국제법 위반임을 말했지요. 다들 놀라는 눈치더라고요. 속이 다 시원합니다.

이위종

만국 평화 회의
러시아 황제 니콜라이 2세가 제창하여 개최된 것으로 세계 평화를 도모하기 위한 국제 회의예요. 참가국들은 군비 축소와 평화 유지 문제를 협의했으나 나라들마다 이익이 엇갈리면서 뜻을 하나로 합치지는 못했어요.

헐버트
1886년 최초의 관립 학교인 육영 공원에서 외국어를 가르쳤던 미국인으로, 고종을 도와 많은 일을 했어요.

만행
야만스러운 행위

▲ 헤이그 특사 3인(왼쪽부터 이준, 이상설, 이위종) ▲ 만국 평화 회의 모습

특사단의 노력으로 일본의 **만행**은 전 세계에 알려졌어요. 국제 사회에서 일본은 큰 망신을 당한 거예요. 이준은 헤이그에서 갑작스럽게 병으로 죽었지만 이상설과 이위종은 헐버트와 함께 미국과 유럽의 여러 도시를 돌아다니며 대한 제국의 독립을 지지해 달라고 호소했어요.

한편, 그 시각 한반도에서는 고종 황제가 헤이그 특사 사건으로 고난을 겪어야 했어요. 화가 난 일본이 고종 황제를 **폐위**시켜버리기로 했거든요. 이토 히로부미는 고종을 가두고는 황제 자리를 아들에게 넘기라고 끊임없이 협박했어요. 당시 일본은 덕수궁을 향해 언제라도 대포를 쏠 수 있도록 남산에 대포를 설치를 해 둘 정도로 강압적이었어요.

고종 황제와 당시 황태자였던 순종 황제가 끝까지 거절하자 일본은 황제의 자리에 내관을 앉힌 후 황권을 물려주는 의식을 거행했어요. 이때 친일파 이완용과 송병준은 빨리 고종 황제를 폐위시키고, 어려서 경험이 없고 병약한 순종을 황제로 올려야 한다고 말했다고 합니다.

고종 황제의 폐위 소식이 전해지자 덕수궁 앞에는 사람들이 몰려와 통곡했어요. 분노한 사람들은 이완용의 집에 불을 지르고, 경찰서를 습격하기도 했답니다. 길거리를 돌아다니던 일본인들은 돌에 맞기도 했어요. 이상 가슴 아픈 고종 황제의 폐위 소식까지 전해 드렸습니다.

폐위
왕이나 왕비 등의 자리를 폐함

헤이그 특사 | 세계를 향한 마지막 몸부림

2 헤드라인 뉴스

독도와 간도, 과연 누구의 땅인가?

우리나라의 영토 중 가장 동쪽에 있는 독도. 그런데 일본은 우리나라가 독도를 빼앗아갔다고 주장한다지요. 그럼 혹시 간도는 아십니까? 원래 우리 민족이 일구었으며 일제 시대 한민족의 중요한 터전이었던 곳입니다. 이 두 지역에 대해 김역사 기자가 취재했습니다.

결론부터 말씀드리자면 독도는 명백히 우리 땅입니다. 일본은 러일 전쟁 중 독도를 불법적으로 빼앗아갔기 때문에 지금 일본이 아무리 독도가 자기네 땅이라고 우겨도 절대 일본 땅이라고 할 수 없는 거지요.

울릉도에 딸린 섬 독도는 일찍부터 우리 민족이 소유한 영토로 여겨져 왔어요. 조선 전기에 나온 지리서인 『세종실록지리지』나 『동국여지승람』에서는 울릉도와 독도를 우리 영토로 기록하고 있지요.

조선 숙종 때에는 동래의 어민 안용복이 일본에 들어가 울릉도와 독도가 조선 땅임을 확인받고 돌아왔어요. 당시 안용복은 울릉도 주변에서 물고기를 싹쓸이하는 일본 어민들을 보며 분개했어요. 그리고 이에 대한 항의 표시로 직접 일본에 간 거예요. 당시 일본 관리들은 몹시 미안해하며 울릉도와 독도가 조선의 영토임을 인정했고, 그 답을 듣고서

안녕하세요. 독도와 간도에 직접 가서 취재를 마치고 돌아온 김역사 기자입니다.

김역사 기자

야 안용복은 조선으로 돌아온 것이죠.

　개항 이후 일본의 침탈이 심해지자 고종 황제는 울릉도를 군으로 승격시켜 독도까지 관할하게 하면서 우리 영토임을 분명히 하였어요. 그러나 러일 전쟁 중에 일본은 불법적으로 독도를 일본 시마네 현의 한 지역으로 만들어 버렸어요. 그러고는 을사늑약으로 대한 제국의 외교권을 빼앗은 후에야 이 사실을 우리 정부에 알렸죠.

　하지만 독도가 우리 영토라는 증거는 계속 나오고 있어요. 1785년 일본에서 만든 「삼국접양지도」에는 울릉도와 독도가 조선의 영토라고 쓰여 있어요.

　1877년에 일본의 국가 최고 기관인 태정관은 "울릉도와 독도는 일본과 관계없는 것이다."라고 적어 놓고 있지요. 한편, 일본은 「대동여지도」에 독도가 없다는 이유를 들면서 독도가 한국의 땅이 아니라고 주장했어요. 하지만 일본 국회 도서관에서 울릉도와 독도가 그려진 대동여지도 필사본이 발견되면서 이 주장은 힘을 잃었답니다.

　18세기 초, 국경을 맞댄 조선과 청은 백두산정계비를 세워 "서쪽은 압록강, 동쪽은 토문강"으로 양국의 경계를 정하였지요. 그런데 19세기 이후 간도로 이주하는 우리 민족이 점점 늘어나자 간도를 둘러싼 영토 분쟁이 발생

▲ 「삼국접양지도」에 표시된 울릉도와 독도

'조선의 것'이라고 표기해 놓았어요.

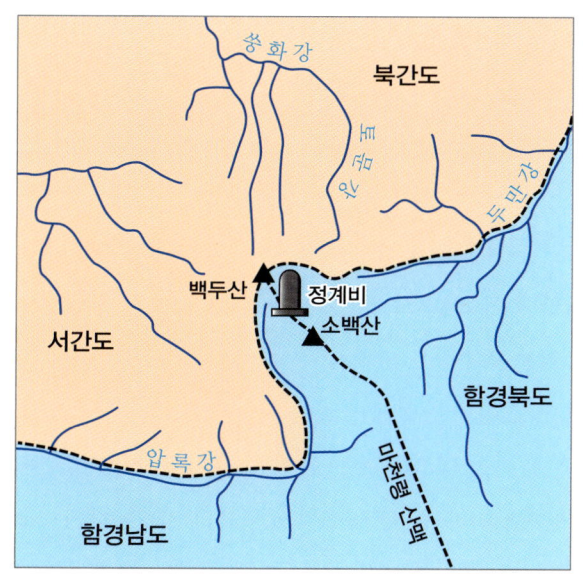
▲ 백두산정계비의 위치

했어요. 청은 백두산정계비의 토문강을 두만강이라고 주장했고, 조선은 쑹화 강의 지류라고 주장했어요. 양쪽의 주장이 팽팽하게 맞서면서 결론을 내리지 못했지요.

대한 제국 시기에 정부가 조사해 보니 간도에 약 십만 명이나 되는 한국인이 살고 있었어요. 대한 제국은 국민을 지키기 위해 간도를 함경도의 행정 구역으로 편입하고 이범윤을 간도 관리사로 파견하였어요. 하지만 을사늑약으로 대한 제국의 외교권을 빼앗아간 일본은 후 만주에 철도를 놓을 수 있는 권리와 탄광 개발권을 얻는 조건으로 간도를 청에 넘겨버리고 말았답니다.

덕수궁이 맞을까, 경운궁이 맞을까?

경복궁과 창덕궁은 모두들 많이 들어봤지요? 조선을 건국하고 처음 세운 궁궐이 경복궁이에요. 이후 태종 때 만일에 대비해 임금이 거처할 곳이 하나 더 필요하다는 생각에 창덕궁을 짓게 되었죠. 또, 지금의 서울시청 옆에 자리 잡고 있는 덕수궁도 있지요.

원래 덕수궁은 조선의 정식 궁은 아니었어요. 그런데 어떻게 궁궐이 되었을까요?

조선 초기 세조에게는 두 아들이 있었어요. 첫 아들 의경 세자는 몸이 약해 일찍 죽었지요. 세자빈으로 있다가 남편을 잃고 궁을 떠나는 맏며느리 수빈 한씨(후일 인수 대비)가 가여웠던 세조는 지금의 덕수궁 자리에 집을 마련해 주었어요. 후일 한씨의 두 아들 중 둘째인 자을산군이 성종이 되어 궁에 들어가자 어머니인 수빈 한씨도 궁으로 가게 되었고, 자연스럽게 그 집은 장남인 월산 대군이 물려받았죠.

1592년에 일어난 임진왜란으로 조선은 일어나 큰 피해를 입었어요. 혹시 임진왜란 때 경복궁이 불에 탔던 것을 기억하나요? 당시 경복궁뿐 아니라 창덕궁도 불에 탔어요. 선조가 피란을 갔다 와 보니 궁이 모두 불에 타 거처할 만한 곳이 없었어요. 이때 왕실 친척인 월산 대군의 집에 머무르는 것이 어떻겠냐는 의견이 나왔죠. 경복궁이나 창덕궁과 가깝고 규모도 제법 컸거든요.

▼ 덕수궁 중명전(왼쪽)과 덕수궁 석조전(오른쪽)

▲ 덕수궁 대한문(왼쪽)과 덕수궁 돌담길 ⓒFlikr, Hyun Woo Kang(오른쪽)

 이후부터 월산 대군의 집은 궁으로 자리 잡게 되었죠. 선조의 뒤를 이은 광해군도 창덕궁이 수리되기 전까지는 월산 대군의 집에서 머물렀어요. 인조도 이곳에서 왕위에 올랐죠. 그리고 월산 대군의 집은 선조와 광해군을 거치면서 임금이 거처하기에 좋은 곳으로 바뀌기 시작했고, 이름도 경운궁이라고 했어요. 덕수궁의 원래 이름은 경운궁이랍니다.

 아관 파천 이후 고종이 돌아와 머문 곳이 덕수궁이라고 했죠? 사실 당시의 이름으로는 경운궁이 맞아요. 그럼 언제부터 덕수궁이라고 불리게 된 걸까요? 1907년 고종 황제의 헤이그 특사 파견으로 국제적인 망신을 당한 일제는 고종을 강제로 황제 자리에서 내려오게 했어요. 그리고 고종 황제와 순종 황제가 서로 만나지 못하도록 고종 황제는 경운궁에, 순종 황제는 창덕궁에 살게 했지요. 이때 일제는 경운궁의 이름을 덕수궁으로 바꾸었어요. 덕수궁은 쫓겨난 고종 황제가 오래도록 장수하며 살라는 의미를 담고 있다면서요. 사실 조선 초 태조 이성계가 물러난 뒤 살던 곳에도 덕수궁이란 이름을 붙였거든요. 일제는 이를 핑계로 덕수궁이란 이름이 조선 전통을 이은 것이라고 주장했어요. 하지만 고종이 황제 자리에서 쫓겨난 것과 태조 이성계가 왕의 자리를 아들인 이방원에게 넘긴 것은 엄연히 다른 일이지요.

 오늘날 우리에게는 경운궁보다 덕수궁이라는 이름이 훨씬 익숙해요. 실제로 100년도 넘게 이 이름을 사용하고 있으니까요. 그런데 생각해 보세요. 고종 황제를 비웃는 듯한 어감을 담고 있는 궁 이름을 꼭 사용할 필요가 있을까요? 일본식 지명이나 이름이 우리말로 바뀌는 요즘, 외국 공사관들이 즐비한 곳에서 당당히 위용을 자랑했던 경운궁의 이름을 되찾아 주는 것은 어떻게 생각하세요?

 **고종훈의 한국사 브리핑**

사건 핵심 분석 ▶ 헤이그 특사

QR 코드를 찍으면 고종훈 선생님의 강의를 볼 수 있어요.

- 시기 ▶ 1907년
- 고종의 지령 ▶ 전세계에 을사늑약의 부당함을 알려라.
- 헤이그 특사들의 운명적 장소는? ▶ 만국 평화 회의가 열리는 네덜란드의 헤이그
- 사건의 결과 ▶ 일본의 방해로 성과를 얻지 못함
- 해외의 반응 ▶ 사정은 안타깝지만 어쩔 수 없어.
- 역사적 중요도 ▶ ★★★☆☆
- 시험 출제 빈도 ▶ 보통

고종은 을사늑약의 부당함을 전 세계에 알리고자 했어요.

1907년 고종은 일본 몰래 네덜란드 헤이그에서 열리는 만국 평화 회의에 특사를 파견했어요. **을사늑약의 부당함을 국제 사회에 호소하기 위한 목적이었죠.** 하지만 일본의 방해로 원래의 목적은 이루지 못했고, 고종은 강제로 황제 자리에서 물러나야 했어요.

사건 관계 분석

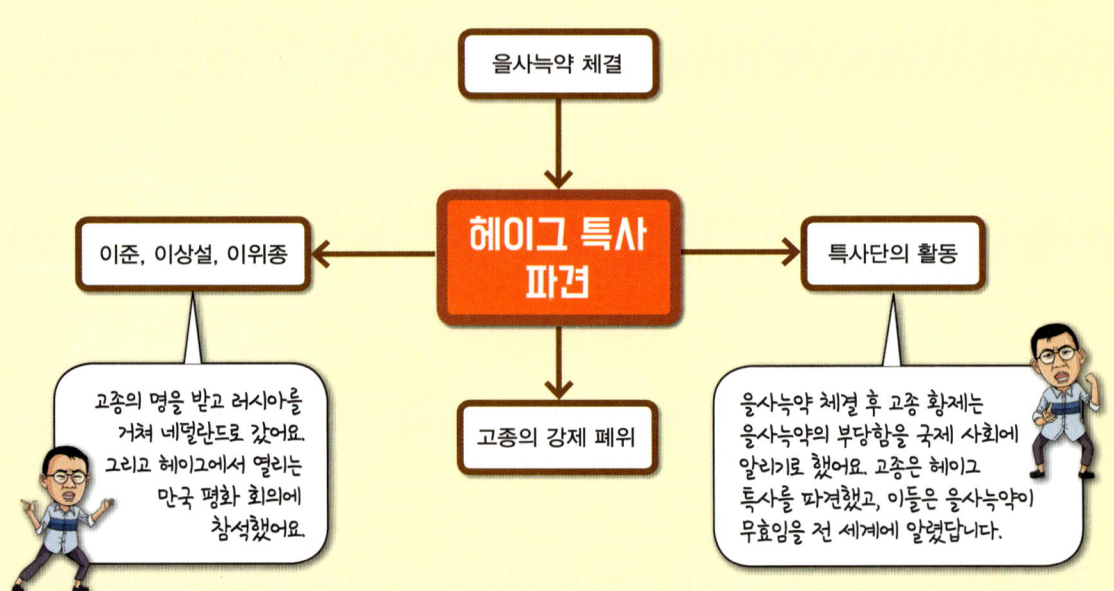

15 의병 항쟁

이제 총칼로 일제에 맞서리라

시대 1895년, 1905년, 1907년

의병, 왜 일어났나?

- 양반으로서 보고만 있을 수 없소!
- 평민들도 나라를 구하러 나섰소!
- 군대가 없어졌으니 우리도 의병에 참여하려고요!
- 난 을사의병인데 어느 의병 소속?
- 아… 저는 정미의병.
- 거기 옆에 의병님! 조용히 하세요!

을미의병 / 을사의병 / 정미의병

타임라인 뉴스

1895	1905	1907.7.	1907.8.	1908
을미사변 직후 을미의병이 일어나다	을사늑약 직후 을사의병이 일어나다	일제가 대한 제국의 군대를 해산시키다	정미의병이 일어나다	의병이 서울 진공 작전을 계획했지만 실패로 끝나다

1 헤드라인 뉴스

을미의병, 국모 시해와 단발령에 봉기

지금까지는 일본이 대한 제국을 침략하는 과정과 대한 제국 정부의 대응에 대한 소식을 전해드렸는데요. 이러한 가운데 국민들은 어떤 태도를 취했을까요? 그 첫 번째는 의병 항쟁입니다. 취재를 한 김역사 기자가 전해 드립니다.

의병이란 외적의 침입을 물리치기 위해 백성들이 스스로 만든 군대를 말해요.

김역사 기자

'의병'이란 말이 항일 투쟁에 처음 등장한 것은 동학 농민 운동 때였습니다. 동학 농민군이 들고 일어나자 청과 일본은 조선을 도와준답시고 군대를 파병했어요. 그러나 동학 농민군이 해산한 이후에도 군대를 철수하지 않고 일본은 오히려 청을 공격하여 전쟁을 일으켰어요. 이에 동학 농민군은 일본군을 조선에서 몰아내기로 결정했고, 스스로를 의병이라 불렀지요. 관군에게도 힘을 합쳐 같이 일본군을 무찌르자고 했어요. 관군은 이 제안을 거절했지만 말이에요.

그 뒤를 이어 일어난 의병이 을미의병입니다. 을미사변을 기억하시나요? 일본은 삼국 간섭 이후 러시아 쪽으로 기우는 조선의 정책이 못마땅해 친러 정책의 핵심 인물이라 판단한 왕후 민씨를 죽였지요? 이 사건이 바로 을미사변이에요. 당시 조선 백성들은 깜짝 놀랐어요. 국모를 잃은 슬픔도 컸지만 원하는 것을 달성하기 위해 한 나라의 왕비까지 서슴없이 죽이는 일본의 행동이 더 충격적이었던 거예요.

을미사변이 일어나자 전국에서 유생을 중심으로 왕후의 원수를 갚겠다며 의병이 일어났어요. 그중 가장 큰 규모의 의병은 양반 유학자 유인석이 이끄는 의병 부대였지요. 우리 문화를 소중하게 여기는 위정척사파를 계승한 양반 유학자들이 의병의 깃발을 높이 들었던 거예요.

유인석은 가까운 지역의 양반 유생들을 모아 놓고 대책을 논의했어요. 의병을 일으키자는 의견부터, 이제 조선은 조선만의 정신을 이어갈 곳이 못되니 청으로 망명해 조선의 정신문화를 이어가야 한다는 주장도 나왔어요. 그리고 을미사변에 항거하는 의미로 자결을 해야 한다는 의견도 있었죠. 여러 의견들 중에서 유생들은 의병을 일으키는 것으로 뜻을 모았어요. 이즈음 단발령 소식이 전해졌어요. 유인석은 전국에 **격문**을 띄워 봉기를 촉구하였어요.

> 국모의 원수로 이미 이를 갈았는데 더 참혹한 것은 나라의 지존인 임금의 몸으로 옛 의복을 버리고 양복을 입은 뒤에 또 상투를 자르는 **망측**한 **흉화**를 당하게 되었다.
> 천지가 뒤집히는 이런 상황에 우리가 조상 대대로 받은 훌륭한 제도를 이어갈 수 없게 되었다. 우리 부모의 몸을 짐승처럼 만들었으니 이 무슨 일이며 우리 부모의 머리카락을 깎았으니 이 무슨 **변고**인가?

을미개혁 당시 내려진 단발령이 조선 사람들에게 얼마나 큰 충격이었

격문
어떤 일을 여러 사람에게 알리어 부추기는 글

망측하다
정상적인 상태에서 어그러져 어이가 없거나 차마 보기가 어렵다.

흉화
근심과 재난 등 나쁜 일을 이르는 말

변고
갑작스러운 재앙이나 사고

을지 느껴지시나요? 이렇게 시작된 대규모 의병 항쟁이 을미의병이에요. 유인석이 격문을 돌리며 사람들에게 의병에 참여할 것을 외치기 시작하자 농민들까지 의병에 참여하여 대규모 의병 부대가 만들어졌어요. 이제 본격적인 의병 운동을 시작할 때가 온 거예요.

의병 부대는 "국모 시해의 원수를 갚고, 형체를 보존하자."라고 쓴 깃발을 높이 들었어요. 그리고 단발에 앞장섰던 지방 관리들, 일본군, 일본 상인들을 공격했지요. 또 전국 각지에 격문을 보내 일본과 싸울 것을 주장하였고, 충주성을 공격해 점령하는 등의 성과를 내기도 했어요.

이 소식을 들은 전국 각지의 유생들과 농민들은 의병 운동에 더 적극적으로 참여하였지요. 여기에 힘을 얻은 유인석 부대는 충북 제천을 넘어 경상도 지역까지 활동 범위를 넓혀 나갔어요.

춘천에서는 양반 유생인 이소응도 의병을 일으켰어요. 경기도 이천과 광주 일대에서는 박준영과 김하락이 2,000여 명의 의병 부대를 이끌고

196 의병 항쟁 | 이제 총칼로 일제에 맞서리라

일본군과 싸워 승리를 거두기도 했지요. 이 외에도 강원도 강릉, 경상도 진주, 전라도 나주 등에서도 의병이 활발하게 일어났어요. 전국 각지에서 의병이 일어난 거예요.

조선 조정은 의병을 **폭도**라 부르며 군대를 파견하고 일본군의 지원을 받아 **진압**하려 들었어요. 조선 관군은 일본군과 힘을 합쳐 의병이 일어나는 지역에 군대를 출동시켰고, 최신 무기를 동원해 공격을 퍼부었지요. 신식 무기로 무장한 일본군 앞에서 의병은 점차 힘을 잃을 수밖에 없었어요.

얼마 후 신변의 위협에 시달리던 고종은 러시아 공사관으로 처소를 옮겼어요. 그 곳에서 고종은 단발령을 거두어들이고 의병들에게 해산을 명했어요. 그러자 의병들은 활동을 중단해 버렸어요. 아무리 옳은 일을 위해 일어났다 하더라도 왕의 뜻을 거스를 수는 없었던 거예요. 왕의 말 한 마디에 의병 활동을 접을 만큼 유생들이 여전히 왕조를 중시하는 옛 생각에 사로잡혀 있었던 것은 안타까운 일이에요.

폭도
폭동을 일으키거나 폭동에 가담한 사람의 무리

진압
강압적인 힘으로 억눌러 진정시킴

2 심층 취재

두 번째 의병 소식입니다. 을미사변 이후 활발해졌다 조금 잦아들었던 의병이 을사늑약을 계기로 전국에서 다시 일어나고 있다고 합니다. 외교권을 빼앗긴 을사늑약이 조선 전체를 뒤흔든 셈인데요. 이 소식을 김역사 기자가 취재했습니다. 김역사 기자, 나와 주세요!

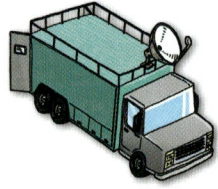

네, 저는 의병 운동이 활발한 곳에 직접 나와 있습니다.

김역사 기자

1905년 을사늑약이 강제로 맺어지고 1906년 2월에는 서울에 통감부가 들어섰습니다. 또 이토 히로부미가 초대 통감 자격으로 서울에 왔지요. 일본의 주장대로라면 일본은 대한 제국의 외교권만 가져야 하는데 사실은 그렇지 않았어요. 모든 나랏일에 간섭하기 시작한 거예요. 예를 들어 인천이나 부산, 원산 등 중요한 항구 도시에는 통감부에서 관리하는 관청이 들어섰어요.

또, 일본은 지방 치안을 담당하는 경찰과 헌병대의 수를 늘렸지요. 왜 그랬을까요? 맞아요. 을사늑약에 반대하며 여기저기서 들고 일어나는 사람들을 막기 위해서 그랬던 거예요. 대한 제국은 사실상 일본의 식민지가 된 것이나 마찬가지였죠.

하지만 이런 상황을 가만히 보고만 있을 우리 민족이 아니었죠.

> 500년을 내려 온 종묘사직이 하룻밤에 망하고 말았도다. 황실과 대신들, 모든 관리와 백성이 다 무기를 들고 일어서자! 한마음 한 뜻으로 뭉쳐 역적을 물리치고 그 간을 꺼내 먹고, 왜적을 무찔러 그 소굴을 소탕하자!

당시 우리 민족의 분노가 느껴지나요? 이 글은 유학자 **최익현**이 전라도 태인에서 쓴 격문이에요. 이 격문을 돌리자마자 순식간에 800명이 넘는 의병들이 모여들었지요. 충청도 홍주에서는 민종식이 천여 명의 의병들과 함께 홍주성을 점령하기도 했어요.

한편, 을사의병 때에는 평민 의병장들이 크게 활약했어요. 그중 **신돌석**이 대표적이에요. 경북 영해(영덕)에서 활약한 신돌석은 일본군이 지나는 길목을 지키고 있다 기습 공격을 퍼부어 일본군을 무찔렀지요. 이 소식을 들은 사람들은 신돌석 부대에 몰래 음식을 전달하며 응원했어요.

이외에도 강원도에서 호랑이를 잡던 포수들이 모인 원용팔 부대, 고종의 비밀스런 명령을 받아 만들어진 산남의진 부대, 유시연 부대 등이 목숨을 바쳐가며 대한 제국을 지키기 위해 싸웠어요.

이쯤에서 평민 의병장이신 신돌석 의병장을 만나보겠습니다.

최익현
최익현은 임병찬과 함께 의병 활동을 하다 붙잡혀 쓰시마 섬으로 끌려갔고 결국 그 곳에서 숨을 거두고 말았지요.

신돌석
신돌석은 지도력이 훌륭하고 의병 운동을 구실로 농민들에게 밥이나 의복을 달라는 등의 피해를 주지 않아 많은 사람들의 지지를 받았어요. 그러자 일본군은 신돌석을 잡기 위해 어마어마한 현상금을 걸었죠. 결국 신돌석은 부하의 배신으로 죽음을 맞이하고 말았어요.

신돌석

내 이름이 돌석이라 천민이라고 생각하는 분들이 많으신데, 전 고려의 충신인 신숭겸의 후손으로 그냥 평민이에요. 어려서부터 기운이 세고 머리도 좋아 동네에서는 유명했어요.

　처음 의병을 시작할 때에는 100여 명 밖에 되지 않았어요. 규모가 좀 작다고요? 의병의 수가 적다고 실망하기엔 일러요. 우리는 1906년 4월에 울진에서 일본군 배를 9척이나 박살냈어요! 6월에는 원주에서 일본 군인들을 쳐부수었지요. 여기저기 일본군이 나타나는 곳에는 어김없이 이 신돌석 부대가 나타났어요. 일본 사람들이 벌이는 공사장에 몰래 들어가서 방해를 한 적도 많아요. 어차피 우리 것을 빼앗아 가려고 벌이는 공사인 게 뻔하잖아요. 우리 부대가 잘 싸운다는 소식이 퍼지자 사람들이 모여들어 한때는 그 수가 3,000여 명이나 되었죠.

　1908년에는 의병끼리 힘을 합쳐 서울을 공격하기로 했어요. 그런데 양반 의병장들이 나를 따돌립디다! 평민 출신이라는 거죠. 허~ 참! 웃긴 일도 있었어요. 내 이름을 한자로 적어야 하는데 '돌'이란 한자는 없거든요. 그러니까 이 사람들이 돌 석(石)자 밑에 한글의 'ㄹ' 받침과 비슷한 '을(乙)'을 붙이더라고요. 한글로 쓰면 뭐가 어떻다고.

　네, 말씀 잘 들었습니다. 그럼 여기서 양반 의병장의 이야기도 들어볼까요?

강의병

　내가 의병을 일으킨 것은 위정척사의 정신을 계승하기 위한 것이오. 우리 조선의 **숭고**한 성리학적 가치를 지키기 위한 것이지. 을사의병의 정신도 마찬가지였소. 그런데 이전과는 달리 을사의병 때는 평민 의병장이 나타나지 않았겠소? 나는 이것이 몹시

숭고
옛 문물을 높여 소중히 여김.

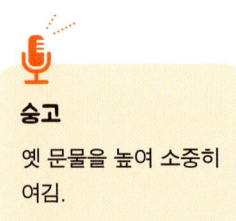

200 의병 항쟁 | 이제 총칼로 일제에 맞서리라

불만스럽소.

어떻게 양반이 평민의 명령을 받는단 말이오? 이것은 명백히 성리학적 질서에 어긋나는 일이오! 제 아무리 능력이 **출중하다** 해도 평민은 평민이오! 평민은 무조건 양반의 명령을 받아야 하는 것이 정상이라는 말이오. 어떤 지역에서는 양반 의병장의 명령이 잘못되었다며 따르지 않는 평민 의병장의 목을 베어 버렸다는구려.

이런 상황 속에서 의병의 대다수를 차지하고 있던 평민들의 마음이 떠나는 것은 불을 보듯 뻔한 일이었겠죠. 결국 일본군의 탄압과 신분 차이를 들먹이며 한마음으로 뭉치지 못하는 의병들 간의 문제 때문에 을사의병은 조금씩 수그러들었어요.

출중하다
여러 사람 가운데서 특별히 두드러지다.

3 심층 취재

대한 제국 군인들, 정미의병에 합류해

의병 운동이 전국으로 확대되고 있습니다. 최신 무기를 갖추고 있는 일본군에 맞서 세 번째로 의병이 일어난 것인데요. 한민족은 정말 대단합니다! 이번에는 어떤 사건을 계기로 의병이 일어났으며, 어떤 성과를 거두고 있는지 알아보겠습니다. 김역사 기자, 전해 주시죠.

김역사 기자

여러분, 고종 황제의 헤이그 특사 파견을 기억하시나요?

고종은 을사늑약의 부당함을 국제 사회에 알리고자 만국 평화 회의가 열리는 네덜란드 헤이그에 특사를 파견하였죠. 일본은 이를 구실로 고종 황제를 강제로 퇴위시켰어요. 그러고 나서 조선과 협약을 하나 맺었습니다. 한일 신협약(정미7조약)이 바로 그것인데요. 앞으로 대한 제국에서 법을 만들거나 중요한 일을 할 때, 정부의 높은 관리를 임명할 때에는 통감의 허락을 받아야만 한다는 내용이었어요. 결국 통감이 대한 제국 황제가 해야 하는 일을 모두 대신하겠다는 것이나 마찬가지였죠.

한일 신협약을 맺자마자 일본은 관리들을 일본 사람으로 바꾸었어요. 정부의 차관들이 모조리 일본 사람으로 바뀐 거예요. 이를 위해 조약을 맺은 셈이었죠. 이러한 당시의 상황을 차관 정치라고 하죠. 정부 부서를 일본 사람으로 채운 후 경찰도 일본 사람들로 바꾸었어요. 일본에 반대하는 사람들을 잡아가기 위한 수작이었죠. 이때부터 그 무서운 '일본 순사'가 활개치기 시작했어요.

경찰만으로 일제에 반대하는 사람들을 모조리 잡아들일 수는 없겠죠? 게다가 한국인이 재판을 하면서 무죄를 선고하면 아무 소용이 없을 테죠. 그래서 일본은 전국에 재판소를 세우고 일본인 판사가 재판을 하도록 했어요. 이제 일제는 대한 제국을 다스리기 쉬워졌어요. 반항하는 조선인은 일본 순사가 냉큼 잡아 오고, 일본 판사가 재판을 하고, 일본인이 관리하는 감옥에 처넣으면 그만이니까요.

외교권에 이어 경찰권과 사법권까지 장악한 일본이 장악해야 할 것으로 뭐가 남았을까요? 바로 군대예요. 고종 황제는 대한 제국을 세운 뒤 군사력을 강화하기 위해 많은 애를 썼어요. 하지만 일제는 황제가 바뀌자마자 순종 황제를 압박해 결국 군대를 해산시키도록 했지요. 1907년 7월 31일의 일이에요.

다음 날인 8월 1일, 일본은 바로 행동에 들어갔어요. 서울을 지키는 군대부터 훈련원에 불러 모아 해산식을 진행했어요. 낌새를 눈치 챈 군인들은 오지 않았지만 아무것도 모르는 군인들은 무기를 반납하고 위로금을 조금 받고는 집으로 돌아가라는 명령을 받았어요. 얼떨결에 조국을 지키는 군인 자격을 잃은 사람들은 땅바닥을 치며 통곡했어요.

"아이고, 이제 대한 제국의 황제는 누가 지킬 것인가! 흑흑흑."

하지만 대다수의 군사들은 훈련원에 가지 않고 무기를 든 채 부대를 지키고 있었죠. 훈련대장 박승환도 마찬가지였어요. 박승환의 표정은 계속 어두웠어요. 훈련대장 박승환과 인터뷰를 해 보겠습니다.

박승환

나는 군인으로서 나라를 지키지 못하고 신하로서 충성을 다하지 못하면 만 번 죽어도 슬프지 않다고 생각하오. 그러니 내 목숨이 아깝겠소? 군대 해산을 살아서 지켜보느니 차라리 목숨을 버리는 것이 나을 것 같소.

훈련대장 박승환은 부하들에게 무기를 반납하라는 명령을 차마 내릴 수 없어 권총으로 자결을 하고 말았어요. 이 소식은 불난 집에 부채질을 한 격이 되었죠. 그때 어디선가 탕 하는 총소리가 들렸어요. 대한 제국의 군인들이 자신들을 감시하던 일본군을 향해 총을 쏜 거예요. 현장은 삽시간에 전쟁터로 변했어요. 일본군이 더 많은 병력을 보내자 대한 제국의 군인들은 시내로 도망쳤지요. 일본군은 악랄했어요. 구석구석을 뒤지며 군인들을 찾아내 죽였죠.

이제 군인들은 갈 곳이 없었어요. 집으로 돌아가도, 시내에 숨어 있어도 언젠가 목숨을 잃을 게 뻔하니까요. 남은 방법은 단 하나! 바로 의병에 합류하는 것이었어요. 의병들에게도 군인들의 합류는 가뭄에 단비 같았어요. 군사 훈련을 받은 사람들이라 체계적인 작전 수행이 가능하였고, 해산 군인이 가지고 온 신식 무기는 큰 힘이 되었죠. 지방의 군인들도 일본의 명령을 어기고 의병에 참여하기는 마찬가지였어요.

해산 군인의 참여 덕분에 의병들의 활동은 '의병 전쟁'으로 발전할 수 있었어요. 또, 의병 부대를 지휘하는 사람들의 신분이 양반 유생들이 아니라 평민들로 바뀌게 되었죠. 원래 대한 제국 군인들 중에는 하층민 출신이 많았거든요. 당시 활동했던 의병장들 중 민긍호, 연기우, 지홍윤 등

의병 항쟁 | 이제 총칼로 일제에 맞서리라

이 대표적인 해산 군인 출신이랍니다.

군대 해산 이후 약 2년 동안 전국에서 격렬한 의병 전쟁이 일어났어요. 이 무렵 일본이 사냥꾼인 포수들에게도 무기를 반납하라는 명령을 내리자 포수들도 의병에 참여했어요. 후일 봉오동 전투에서 큰 활약을 한 홍범도 장군이 바로 포수 출신이지요.

의병 운동이 확산되자 전국의 의병들은 '13도 창의군'이라는 연합 부대를 만들어 서울로 진격하여 통감부를 공격할 계획을 세웠어요. 이 작전의 이름이 '서울 진공 작전'이에요. 1908년 1월에 서울 동대문을 향해 진격하기로 했지요. 당시 전국에서 1만 명이 넘는 의병들이 모였어요. 이 당시 총대장으로 선출된 이인영 대장을 만나보겠습니다.

이인영

무너져가는 나라를 쳐다보기만 하는 것은 선비가 할 일이 아니오. 그런데 큰 일을 앞두고 갑자기 제 아버지가 돌아가신 겁니다. 저는 양반 선비로서 효를 다하는 것이 먼저라고 생각했어요. 일단 전 고향으로 내려가 아버지의 3년 상을 치르려고 합니다.

이게 어찌된 일입니까! 갑자기 총대장이 없어지자 13도 창의군도 사기를 잃었지 뭐예요. 또 체계적으로 훈련을 받은 일본 군대에 밀려 의병은 흩어지고 말았습니다. 이것이 양반 출신 의병장이 갖는 한계인 것 같습니다. 이상 김역사 기자가 전해 드렸습니다.

의병의 씨를 말려 버리겠다! 남한 대토벌 작전

"나쁜 놈들. 아 긍께, 전라도에서 쌀이 쪼까 많이 난다고 그렇게 못살게 굴어? 귀신들은 뭐하나 몰라. 일본놈들 안 잡아가고!"

요즘 김날쌘 씨는 혼잣말을 하는 게 버릇이 되었어요. 그때 저쪽에서 군홧발 소리가 들렸어요. 김날쌘 씨는 일본 순사라는 걸 직감했지요.

"어이. 거기! 어제 이 지역을 의병들이 통과해서 지나갔다는데! 순순히 말해!"

"아이고 순사님, 지는 모르는디요. 어제도 동네 사람들 말고는 본 적이 없구만요."

"그래? 혹시 보면 꼭 신고해. 의병들을 도와주었다간 목숨이 남아나지 못할거야!"

"그람요, 그람요~."

밤이 되자 김날쌘 씨는 아내에게 귓속말로 인사를 전했어요. 아내는 눈물을 흘리며 남편의 손을 꼭 잡았어요. 사실 김날쌘 씨는 의병이에요. 일본 순사의 눈을 피해 낮에는 농사를 짓고 일이 있을 때마다 모여서 의병 전쟁을 치르고 있었던 거예요. 이번에는 일본 병사들이 남쪽으로 내려간다는 첩보를 받고 놈들이 지나가는 길목에 버티고 있다가 모조리 사살할 계획을 세우고 있어요.

작전을 수행하기 위해 회의를 하는데 누군가 비밀 장소에 등장하는 게 아니겠어요? 깜짝 놀란 의병들이 일제히 고개를 들고 보니 서양 사람이었어요. 그 사람은 자신을 영국인 기자 맥켄지라고 소개했지요. 맥켄지 기자는 의병들이 일본을 이길 수 있을 것 같냐고 물었어요. 김날쌘 씨는 환하게 웃으며 대답했지요.

"당연히 이기기 힘들제라~. 아마 우리는 싸우다 죽을 게 뻔하당께요. 그래도 일본놈들의 노예로 사느니 자유민으로 죽는 것이 훨씬 낫지 않겠소? 그놈들이 우리보고 총칼로 덤비지 말고 실력을 쌓으라고 합디다. 그러면 보호국에서 풀어줄 거라고요. 그람 우리가 실력을 쌓는 동안 그놈들은 두 손 놓고 퇴보하고 있답디까? 총칼로 이 나라를 지키는 게 더 먼저라고 생각허요."

1909년 9월에 접어들면서 일본군이 갑자기 전라도로 쏟아져 들어와 김날쌘 씨를 비롯한 많은 호남 의병들이 고생을 하고 있었어요. 알고 보니 다른 지역 의병 항쟁은 잦아

206 의병 항쟁 | 이제 총칼로 일제에 맞서리라

드는데, 유독 전라도 지역만 더 거세게 일어나 일본군이 호남 지역을 대대적으로 공격하기로 했다는 거예요. 일명 '남한 대토벌 작전'이 벌어진 거죠.

일본군은 육지와 바다에서 전라도 지역을 포위하고 전라도 전 지역을 샅샅이 훑어 의병들을 죽이고 있었어요. 의병들뿐 아니라 의병들에게 밥이나 옷을 주고, 일본군에게 쫓길 때 숨겨 준 백성들도 죽였지요. 일본군이 지나간 곳에는 집들이 불타고 사람들이 죽어 나갔어요.

사랑하는 가족들, 살아는 있는지…. 조선의 독립을 위한 내 신념을 이해해 주길….

김날쌘 씨 가족도 화를 입었어요. 순사들은 김날쌘 씨를 찾아 집에 들이닥쳤죠. 남편은 일이 있어 서울에 갔다고 둘러댔지만 소용없었어요. 순사는 김날쌘 씨의 부인을 총으로 때리고 군홧발로 짓밟고는 질질 끌고 가 버렸어요.

김날쌘 씨는 비장한 각오로 전투 준비를 마쳤어요. 어둑어둑한 시간에 맞춰 계곡으로 들어오는 일본군에게 총과 화살을 퍼부었어요. 일본군은 주춤거리다 후퇴를 했죠. 다들 이긴 전투라고 생각했어요. 하지만 얼마 후 의병들의 근거지인 산이 불타기 시작했어요. 일본군이 불을 지른 거예요. 전세는 바뀌어 이제 의병들이 후퇴를 해야 했죠. 근처 동굴로 피신한 의병들은 각자 최대한 멀리 도망가기로 했어요. 그리고 더 이상 한반도에서 활동하기 어렵다는 결론을 내렸죠.

의병들은 두만강과 압록강을 건너 일제의 손이 미치지 않는 만주나 연해주로 가서 계속 독립 전쟁을 하기로 했어요. 김날쌘 씨는 총에 맞은 의병이 정말 죽었는지 확인하기 위해 한 번 더 칼로 찔러 죽이는 잔인한 일본군이 떠올랐어요. 또 남아 있는 가족들도 걱정이 되었죠. 하지만 나라를 지키는 것이 먼저라고 마음을 다잡았어요. 김날쌘 씨는 험한 소백산맥과 태백산맥을 거쳐 북으로 북으로 걷기 시작했어요.

고종훈의 한국사 브리핑

사건 핵심 분석 ▶ 의병 항쟁

QR 코드를 찍으면 고종훈 선생님의 강의를 볼 수 있어요.

시기 ▶ 을미의병(1895년)부터 을사의병(1905년), 정미의병(1907년)까지
주요 인물 ▶ 목숨을 바쳐 대한 제국을 지키려 했던 의병들
의병들의 특징 ▶ 애국심이 누구보다 크다.
스타 의병 ▶ 최초의 평민 의병장인 신돌석
역사적 중요도 ▶ ★★★☆☆
시험 출제 빈도 ▶ 보통

의병은 을사늑약 전부터 일어났습니다.

최초의 의병은 을미의병이에요. 명성 황후가 시해되고 곧이어 단발령이 선포되자 이에 대한 반발로 일어난 거죠. 두 번째 의병은 을사의병이에요. 일본이 대한 제국의 외교권을 강탈한 을사늑약 체결에 반발해 일어났지요. 이후 고종의 강제 퇴위와 군대 해산으로 정미의병이 있어났어요.

사건 관계 분석

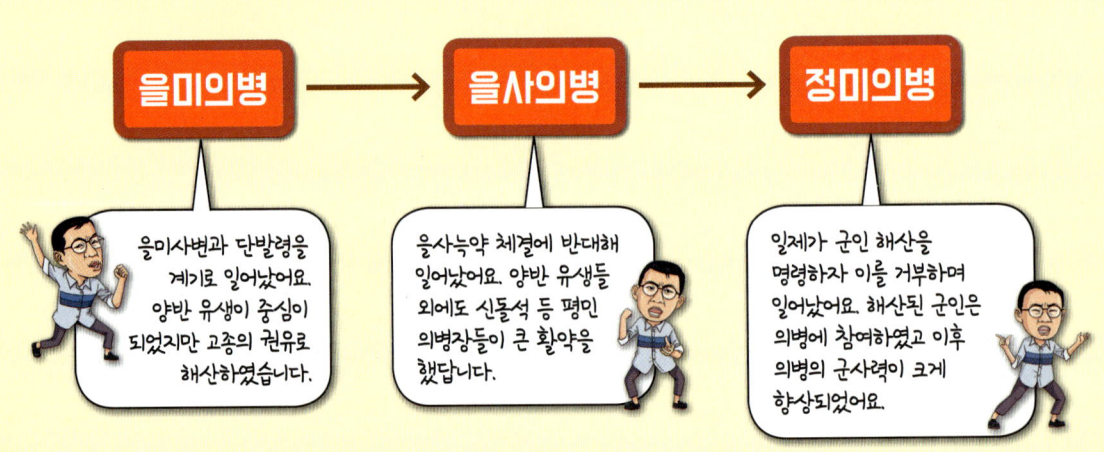

16 애국 계몽 운동

민족의 실력을 키워 일제에 맞서자

타임라인 뉴스

1886 최초의 관립 학교인 육영 공원이 세워지다

1904 「대한매일신보」가 창간되다

1907.2. 국채 보상 운동이 대구에서 시작되다

1907.4. 신민회가 비밀리에 조직되다

1911 105인 사건으로 신민회가 해체되다

1 헤드라인 뉴스

신민회, 실력 양성과 무장 투쟁을 동시에!

일제에 맞서 나라를 지키기 위한 운동에는 의병 운동만 있는 것은 아니었습니다. 민족의 실력을 키워 일본이 조선을 보호국으로 만들려는 것에서 벗어나야 한다는 운동도 나타났는데요. 그래서 오늘은 실력 양성을 주장하는 신민회에 대해 알아보겠습니다.

애국 계몽 운동에 대한 뉴스를 전해 드리겠습니다.

김역사 기자

고종이 강제 퇴위를 당하고 군대가 해산된 뒤 우리 민족은 얼어붙었습니다. 식민지나 다름없는 상태가 되었기 때문에 숨죽여 지내야 했지요. 이런 분위기는 개화 지식인들도 마찬가지였어요. 생각보다 큰 힘을 가지고 있는 일본에 놀란 거예요. 이들 사이에서는 서서히 일본의 존재를 인정하자는 의견까지 등장하기 시작했지요. 게다가 의병 활동을 하며 죽어가는 사람들을 바라보는 것도 마음이 편치 않았어요.

일부 개화 지식인들과 개혁적 성향의 유학자들은 목숨을 버려 가면서까지 무턱대고 독립을 주장하기보다는 먼저 독립된 국가를 유지할 수 있는 실력을 키우는 게 순서라고 생각했지요. 을사늑약에도 '한국이 부강해지면 보호국을 철회한다.'는 조항이 있었거든요. 이들은 이 조항을 철석같이 믿었던 거예요. 이와 같은 생각을 담은 주장을 애국 계몽 운동이라고 해요.

분명 맞는 말이에요. 우리의 실력을 기르는 것은 매우 중요하지요. 하지만 이러한 생각은 힘이 약한 나라는 힘이 센 나라의 식민지가 되는 것이 당연하다고 여기는 것이에요. 게다가 우리가 실력을 기르는 동안 일본은 더 발전할 거예요.

이런 상황에서 등장한 단체가 바로 '신민회'랍니다. 신민회는 독립 협회에서 주로 활동했던 안창호, 윤치호, 장지연, 신채호, 박은식, 이동휘 등이 중심이 되어 세운 단체였어요. '신민(新民)'은 우리 민족 스스로 새로워지자는 의미를 담고 있어요. 그리고 신민으로 새롭게 태어난 대한 제국의 국민들이 나라의 주인이 되어야 한다고 생각했지요. 왕이 아니라 국민이 주인이라고 생각하게 된 거예요. 어때요? 놀랍죠? 이러한 정치 체제를 공화정이라 해요. 당연히 신민회는 왕정이 아닌 **공화정**을 주장했어요. 신민회의 활동 목표는 다음과 같았어요.

공화정
왕이 다스리는 것이 아니라 여러 사람의 의견을 모아 나라를 운영하는 정치 체제

국민운동
일정한 목적을 이루기 위하여 대다수 국민이 참여하는 활동

- 국민에게 민족의식과 독립 사상을 고취할 것
- 동지를 발견하고 단합하여 **국민운동**의 역량을 쌓을 것
- 교육 기관을 설치하여 청소년 교육을 진흥할 것
- 각종 상공업 기관을 만들어 단체의 재정과 국민의 부를 쌓을 것

첫 조항은 애국 단체로서는 당연한 것이었어요. 그럼 두 번째 조항을 위해 신민회는 어떻게 했을까요? 당시는 일본이 경찰권과 사법권마저 장악하고 계속 감시를 했기 때문에 신민회의 활동은 자유로울 수 없

었죠. 지식인들이 몇 명 모이기만 해도 감시를 받았고, 일제에 대해 욕만 해도 잡아 가두는 실정이었거든요. 당연히 신민회 회원을 모으는 방법은 비밀스러울 수밖에 없었어요. 이렇게 모인 회원들이 전국에서 약 800명 정도 되었지요. 또 신민회는 통감부의 탄압을 피하기 위해서 겉으로는 반드시 법을 지키며 활동을 했어요.

세 번째 조항은 신민회가 정말 많이 노력한 조항이에요. 신민회는 교육을 위해 평안북도 정주에 오산 학교를, 평안남도 평양에는 대성 학교를 세웠어요. 이외에도 많은 학교를 세워 교육에 힘을 쏟았어요. 한편 비밀스런 청년 단체도 키우고 있었어요. 바로 대동 청년단이에요. 이들은 독립군 교육을 받았죠.

네 번째 조항을 위해 신민회는 여러 회사를 세웠어요. 먼저 태극서관이라는 서점을 차렸지요. 출판까지 할 생각이었지만 일제의 간섭으로 쉽지만은 않았어요. 대신 태극서관은 신민회의 모임 장소로 자주 사용했어요. 또, 평양에 도자기 그릇을 만드는 자기 회사를 세워 민족 자본을 키우려고 했지요.

신민회가 노력을 기울이는 것이 또 있었어요. 바로 **간도**와 **만주**, **연해주**에 한국인 마을을 세우는 것이었지요. 당시에는 농사지을 땅을 빼앗기거나 일제 치하에서 벗어나고자 한국 땅을 떠나는 사람들이 많았거든요. 그런 사람들끼리 모여 살 마을을 만든다면 서로 의지가 될 뿐 아니라 나중에 독립 전쟁을 치를 때에도 큰 도움이 될 것이라고 기대한 거죠. 이외에도 신민회는 농업이 주요 산업인 우리 민족에게 도움이 될 농업 기술을 개발하기도 하는 등 다양한 활동을 했어요.

간도
현재 중국 길림성(吉林省)의 동남부 지역을 말해요. 두만강 북쪽 지역을 북간도, 압록강 북쪽 지역을 서간도라고 해요. 일제 강점기에 우리나라 사람이 많이 살았어요.

만주
간도를 포함해 북쪽으로 더 넓은 지역을 통틀어 이르는 말이에요.

연해주
러시아의 동남쪽 끝에 있는 지방이에요. 우리나라 동해에 접해 있으며 두만강을 경계로 우리나라와 국경을 이루고 있어요.

　일제는 이런 신민회가 눈엣가시였어요. 그렇지만 합법적인 방법을 이용하니 경찰을 동원해 잡아들이기도 애매했지요. 국권을 완전히 잃은 1910년 이후 신민회의 중요 인물들인 안창호, 이동휘, 신채호 등이 미국과 러시아 등지로 떠나자 일제의 탄압은 더욱 심해졌어요. 일제는 신민회를 **일망타진**하겠다며 꾀를 내었지요. 마침 안중근의 동생인 안명근이 일본인 총독을 암살하려다 실패한 사건이 벌어졌거든요. 일제는 이 사건의 배후에 신민회가 있다고 거짓말을 한 거예요!

　일제는 신민회 회원들 600여 명을 체포하고 마구 고문하기 시작했어요. 때리거나 잠을 재우지 않는 건 물론이고, 물속에 얼굴을 집어넣는 등 잔인한 고문이 쉬지 않고 이어졌어요. 고문에 못 이겨 거짓 자백이 나오면서 결국 신민회는 해체되고 말았어요. 당시 양기탁, 이승훈을 비롯한 105명이 재판을 받았기 때문에 이 사건을 '105인 사건'이라고 부릅니다.

일망타진

한 번 그물을 쳐서 고기를 다 잡는다는 뜻으로, 어떤 무리를 한꺼번에 모조리 다 잡음을 이르는 말

2 심층 취재

나라의 빚, 우리가 갚자, 국채 보상 운동!

속보입니다. 지금 대구에서는 사람들이 금반지부터 비녀까지 무엇이든 돈이 될 만한 것을 가지고 모여들고 있다고 하는데요. 도대체 무슨 일일까요? 대구에 나가 있는 김역사 기자를 불러보도록 하겠습니다. 김역사 기자, 현장 분위기부터 자세히 전해 주시죠.

김역사 기자

전라도 지역을 중심으로 의병 운동이 한창이던 때, 서울을 비롯한 도시에서는 언론과 교육, 산업 발달을 통해 우리 민족의 실력을 키워야 한다고 주장하는 사람들이 생겨났습니다. 이들을 중심으로 애국 계몽 운동이 전개되었어요. 이때 몇몇은 대한 제국의 빚에 주목했지요. 일본이 대한 제국에게 빌려준 돈의 대가로 대한 제국을 좌지우지한다고 생각했거든요.

1907년경 대한 제국이 일본에 진 빚이 1,300만 원이었어요. 당시로서는 어마어마한 금액이었어요. 대한 제국의 예산으로는 도저히 빚을 갚을 수 없는 상황이었죠. 이에 일본에 진 빚을 다 갚고 경제적인 자립을 이루자는 움직임이 일어나기 시작했어요. 이 움직임을 우리는 '**국채 보상 운동**'이라고 하지요. 다음은 1907년 2월 대구에 살던 서상돈과 김광제가 「대한매일신보」에 실은 글이에요.

국채 1,300만 원은 바로 우리 대한 제국의 존망에 직결된 것으로, 갚지 못하면 나라가 망할 것인데, 나라 돈으로는 해결할 도리가 없으므로 2천만 인민이 3개월 동안 담배 피는 것을 폐지하고 그 대금으로 국채를 갚아 국가의 위기를 구하자.

서상돈과 김광제의 주장에 따라 우선 남자들을 중심으로 담배 끊기 운동이 벌어졌어요. 대구에서 시작된 이 운동은 삽시간에 전국으로 퍼져 전국 여기저기에서 나라 빚을 갚기 위한 모임들이 만들어졌어요. 그럼 성금을 내기 위해 줄을 선 여성 한 분을 만나 보겠습니다.

오착실

우리 여자들이라고 가만히 있을 수 있나요. 우리도 같은 대한 제국 사람이잖아요. 우리야 술을 마시는 것도 아니고 담배를 피는 것도 아니니, 우리만의 방법을 찾았죠. 그래서 **패물**을 팔고 반찬값을 아껴서 몇 달 동안 돈을 모았어요. 오늘 그 돈을 국채 보상 운동에 보태려고 나왔답니다.

국채
나라가 지고 있는 빚

보상
남에게 진 빚 또는 받은 물건을 갚음

패물
사람의 몸치장으로 차는 귀금속 따위로 만든 장식물

이처럼 농민과 상인 등 다양한 계층의 사람들이 금주, 금연 등으로 돈을 모으고, 여성들은 반지, 팔찌 등 패물을 성금으로 냈어요. 언론 기관에서도 성금을 낸 사람들의 명단을 매일매일 신문에 실으며 적극적으로 도왔죠. 이렇게 해서 돈이 얼마나 모였냐고요? 놀라지 마세요. 넉 달 동안 무려 230만 원 정도가 모였어요.

금 모으기 운동

1997년 외환 위기 당시 우리 국민이 벌였던 금 모으기 운동은 현대판 국채 보상 운동이라고 할 수 있어요.

당시 사람들이 얼마나 일본으로부터 독립하기를 간절히 원했는지 알 수 있겠죠?

일제는 남녀노소를 불문하고 성금을 내기 위해 줄을 서는 한국인들의 모습을 보고 깜짝 놀랐어요. 게다가 국채 보상 운동이 약 2년 동안 계속되자 조바심이 났어요.

마쓰야

도대체 조선 사람은 왜 이렇게 끈질긴 겁니까? 이젠 우리 일본을 인정하고 받아들일 때가 되지 않았습니까? 의병 활동을 벌이며 반항하는 것만도 골치가 아픈데 국채 보상 운동이라니요! 절대 안 될 말입니다. 머리를 잘 굴려서 방해 공작을 펼쳐 보려고요. 반드시 국채 보상 운동을 훼방 놓고 말겠습니다.

▲ 국채 보상 운동 기념비(대구 시민 회관 앞)

결국 일제의 방해로 국채 보상 운동은 실패로 돌아갔어요. 일제는 국채 보상 운동을 주도했던 서상돈과 김광제가 돈을 빼돌렸다는 소문을 낸 거예요. 성금을 모으던 사람들의 실망은 이루 다 말할 수 없었지요. 그래도 국채 보상 운동은 나름의 성과가 있었어요. 전 국민이 똘똘 뭉쳐 하나로 움직이면 무엇이든 이룰 수 있다는 희망을 갖게 되었거든요. 그리고 절약만으로도 나라를 위할 수 있다는 것을 깨닫게 되었답니다.

3 헤드라인 뉴스

근대적인 생각에 익숙해진 사람들

서양식 학교에서 새로운 교육을 받게 되고, 신문이나 잡지를 통해 새로운 소식을 듣게 되면서 사람들의 머릿속과 생활은 어떻게 변하였을까요? 더군다나 우리 민족 특유의 뜨거운 교육열이 더해지면서 그 변화 속도는 놀라울 것 같은데요. 김역사 기자가 취재하였습니다.

개항 이후 조선은 엄청난 변화를 겪었어요. 우선 사회 제도와 의식이 크게 변했습니다. 갑신정변과 동학 농민 운동에서 요구한 신분제 폐지는 마침내 갑오개혁 때 이루어졌지요. 또 과거제가 폐지되면서 신분에 관계없이 관리로 일할 수 있게 되었고요. 이와 함께 **조혼**이나 고문, **연좌제**와 같은 나쁜 관습이 없어지고, 과부도 재혼할 수 있게 되었습니다.

이렇게 제도가 바뀌면서 사람들의 의식, 즉 생각은 어떻게 바뀌었을까요? 이제 예전처럼 신분 차별을 당연하게 여기는 사람들이 점차 줄어들었어요. 또한 자유와 평등이 무엇인지, 또 얼마나 중요한지 알게 되었지요. 이러한 변화에 가장 큰 역할을 한 것은 독립 협회예요. 독립 협회는 토론회와 연설회를 자주 열어 사람들을 깨우쳤어요.

이렇게 사람들이 자유와 평등을 중시하는 근대적 의식을 갖게 된 데

안녕하세요. 특별 취재를 마치고 돌아온 김역사 기자입니다.

김역사 기자

조혼
어린 나이에 일찍 결혼함. 또는 그렇게 한 혼인

연좌제
범죄자와 일정한 친족 관계가 있는 자에게도 함께 그 범죄의 형사 책임을 지우는 제도

에는 무엇보다 교육의 역할이 컸습니다. 갑오개혁 때 교육입국 조서가 발표되어 근대적 교육 정책들이 마련되었죠. 교육입국 조서에 따라 소학교, 사범학교, 외국어 학교 등이 들어섰어요. 학교에서는 새로운 서양식 교육과 함께 애국 애족, 민족의식 등을 키우도록 가르쳤어요. 또, 여성 교육에 관심이 없던 당시 사회에 처음으로 여학생들만 다닐 수 있는 학교가 세워지기도 했어요. 대표적인 것이 이화 학당이에요.

신문도 근대적 의식이 자리 잡는 데 영향을 끼쳤습니다. 신문은 나라 안팎의 소식을 빠르게 전해 주어 누구나 정치나 사회 문제에 관심을 갖도록 만들었어요. 또 사설이나 기사를 통해 자유롭고 평등한 생각이 자랄 수 있도록 도와주었죠.

우리나라 최초의 신문인 「한성순보」는 정부가 만든 것으로, 정부의 개화 정책을 알리는 역할을 했지요. 독립 협회에서 발행한 「독립신문」은 순한글을 사용해 국내 소식, 국제 소식을 자세히 알려 주었어요. 특히 「독립신문」은 영문으로도 발행되어 우리 민족이 처한 상황을 세계에 알리는 역할도 했답니다.

「황성신문」은 을사늑약이 체결되는 과정을 기사로 자세히 실어서 애

국심을 높이는 데 큰 역할을 했어요. 특히 「대한매일신보」는 영국인 베델이 발행인으로 참여했기 때문에 일제에 비판적인 기사를 많이 실을 수 있었고, 국채 보상 운동을 홍보하는 데에도 앞장섰답니다.

한편, 을사늑약 이후 민족의식을 높이고 민족 문화를 지키기 위해 우리의 학문, 즉 국학 연구가 활발해졌는데요. 우리 문화와 학문에 대한 **자긍심**을 일깨워 준 국학 운동도 국민들의 근대적 의식 향상에 크게 기여했습니다. 국어 분야에서는 한글과 한문을 섞어서 쓰게 되었어요. 우리말 표기가 늘어나자 정부는 국문 연구소를 설립했는데 이곳에서 주시경, 지석영 등이 국어의 발음과 맞춤법 등을 연구했어요.

자긍심
스스로에게 긍지를 가지는 마음

역사 분야에서는 신채호와 박은식이 활약했는데요. 신채호는 "역사를 잃은 민족에게 미래는 없다."라고 하며 민족주의 역사학을 연구했어요. 박은식은 신문과 잡지의 기사를 통해 우리 민족에게 역사 의식을 일깨워 주었지요.

한국을 도운 외국인들

❶ **산속 의병을 찾아간 매켄지** 영국 「데일리 메일」의 기자인 매켄지는 군대 해산 이후 의병 전쟁이 확산되던 시기에 충주 근처 산속을 뒤지며 의병을 만났어요. "의병은 매우 불쌍해 보였다. 전혀 희망이 없는 전쟁에서 이미 죽음이 확실한 사람들이었다. 그러나 몇몇 군인의 영롱한 눈빛과 자신만만한 미소를 보았을 때, 가엾게만 생각했던 내가 잘못되었음을 확실히 깨달았다. 그들은 자기의 동포들에게 애국심이 무엇인가를 확실히 보여 주고 있었다." 매켄지의 글에서 의병을 묘사한 부분이에요. 매켄지의 글 덕에 한국인의 독립 의지를 전 세계에 알릴 수 있었답니다.

❷ **한국인을 사랑한 메쿤** 선교사였던 메쿤은 평안북도 선천의 신성 중학교 교장으로 일했어요. 미국 교회에서 거액을 지원받아 학교를 크게 변화시켰지요. 그러던 어느날 갑자기 일본 경찰이 들이닥쳐 총독을 암살하려 했다며 학생과 교사 30명을 끌고 갔어요. 메쿤은 평소 학생들에게 다윗과 골리앗의 이야기를 해 주며 정의로운 약자가 반드시 승리한다고 가르쳤어요. 이 때문에 메쿤도 체포될 뻔 했지요. 끌려간 사람들은 막대기로 맞고 굶었으며 손발톱에 대나무 못 박기, 석탄가루 넣기 등의 고문을 받았죠. 메쿤은 일본 경찰에 쫓기는 학생을 숨겨 주기도 했어요. 결국 일본은 메쿤을 추방해 버렸지요. 그가 미국으로 돌아가던 날 수천 명의 사람들이 눈물을 흘리며 그를 배웅했다고 해요.

❸ **파란 눈의 항일 투사 헐버트** 고종이 세운 최초의 근대적 교육 기관인 육영 공원에서 영어를 가르치기 위해 조선에 왔어요. 그 후 죽을 때까지 교육자이자, 언론인, 외교 자문관으로 활동하며 평생을 한국에 바쳤어요. 그는 고종이 직접 쓴, 을사늑약이 무효임을 알리는 편지를 들고 유럽을 돌아다녔지요. 일본이 추방령을 내려 우리나라에 들어올 수 없게 되자 미국에서 우리나라의 독립운동을 지원했어요. 광복 후 우리나라를 찾았지만 일주일 만에 병으로 죽어서 우리나라에 묻혔답니다.

❹ **한국을 도운 영국 외교관 코번** 을사늑약을 지켜본 영국 외교관 코번은 일본에 대한 감정이 나빠졌어요. 당시 영국이 일본과 손을 잡았지만 코번은 일본에 쌀쌀맞게 대했지요. 코번은 대한매일신문의 발행인 베델을 한국에서 추방해 달라는 일본의 요청을 받고도 오히려 베델을 적극적으로 변호해 줄 정도였어요. 베델과 함께 대한매일신문의 발행인으로 일했던 양기탁을 일본이 구속하려 하자 외교 마찰을 빚을 것을 알면서도 양기탁을 보호해 주었죠. 이 때문에 코번은 외교관 생활을 일찍 접어야 했지요. 하지만 용감하게 맞선 코번의 정신은 지금도 살아서 반짝이고 있답니다.

❺ **이화 학당을 세운 스크랜턴** 52세의 나이에 선교를 위해 한국에 온 스크랜턴 부인은 서양인인데다 여자라는 이유로 상대를 해 주는 사람이 없어서 마음고생이 많았어요. 그러다 눈에 들어온 것이 한국 여성들이었지요. 스크랜턴 부인은 한국 여성들에게 반드시 교육의 기회를 열어주겠다 생각하고 학교를 세웠어요. 후일 명성 황후가 이 학교에 이화 학당이라는 이름을 내려주었죠. 당시 이화 학당의 봄 소풍, 졸업식 등은 언제나 큰 화제였다고 해요. 헌신적으로 한국 여성 교육을 위해 일했던 스크랜턴 부인은 우리나라에 묻히길 원했고, 현재 양화진 외국인 묘원에 잠들어 있어요.

❻ **고종의 밀서를 보도한 더글러스** 더글러스 스토리는 런던의 일간지인 트리뷴에서 기자로 일했어요. 그는 을사늑약이 체결된 직후에 우리나라에 취재를 하러 들어왔지요. 당시 고종은 더글러스에게 밀서를 전해 주었어요. 이 밀서는 한 신하가 한복 바지 속에 감춰서 가지고 온 것으로, 세계의 강국들이 공동으로 일본의 대한 제국 침략을 막아 주고, 대한 제국의 중립화를 보장해 달라는 내용이었어요. 더글러스는 일본의 감시망을 뚫고 중국으로 가 고종의 밀서를 기사로 작성해 영국으로 보냈지요. 더글러스의 기사 덕에 일본이 부당하게 대한 제국을 침략한 사실이 전 세계에 알려졌답니다.

이름마저 한국식으로 바꾼 영국인, 베델

베델은 1904년 3월 영국의 「데일리 크로니클」의 특파원 자격으로 한국에 왔어요. 그러다 한국인의 열정적인 독립정신에 반해 아예 한국에서 새 신문을 만들기로 했어요. 양기탁과 함께 발행한 「대한매일신보」지요. 발행인이 영국인이었던 탓에 일본은 미리 기사를 보고 검열할 수 없었어요. 그래서 양기탁, 박은식, 신채호 등은 「대한매일신보」에 일본을 비판하는 기사를 실을 수 있었어요.

「대한매일신보」는 1907년에 이르러 발행 부수가 가장 많은 신문이 되었지요. 「대한매일신보」가 많이 발행될수록 우리 민족의 애국심도 높아졌어요. 1908년에는 전명운·장인환의 스티븐스 저격 기사를 실어 우리 민족의 애국심을 끓게 했어요.

베델을 눈엣가시로 여긴 일본은 그를 추방하기 위해 혈안이 되었어요. 결국 베델은 일본의 압력으로 서울의 영국 총사령관에서 열린 재판장에 서게 되었어요. 이 재판에서 판사는 베델을 3주 동안 감옥에 가두라고 명했고, 베델은 상하이 형무소에 갇혔지요. 베델은 형무소에서 나오자마자 한국으로 돌아왔는데 갑자기 건강이 나빠져 1909년 5월 1일 눈을 감고 말았어요. 양기탁의 손을 잡고 마지막 숨을 거두며 베델은 말했어요.

"내가 죽을지라도 「대한매일신보」는 영원히 남아 한국 동포를 구하게 해 주십시오."

현재 베델은 서울 양화진의 외국인 묘원에 묻혀있어요. 그의 무덤 앞에는 비석이 서 있는데, 이 비석은 한국인들이 자발적으로 성금을 모아 세운 것이에요. 그런데 비석 뒷면을 보면 우둘투둘 글자가 깎여 나간 것을 볼 수 있어요. 베델을 추모하는 글마저 미웠던 일제가 일부러 비석을 깎아 읽을 수 없게 한 거예요.

한국인보다 한국인을 더 사랑한 영국인, 베델. 그는 한국에서 활동하면서 베델이라는 영국식 이름이 아닌 배설이라는 한국식 이름을 사용했어요. 지금 한국에 묻힌 베델을 우리는 아름다운 사람 배설로 기억해야 할 거예요.

고종훈의 한국사 브리핑

사건 핵심 분석 ▶ 애국 계몽 운동

QR 코드를 찍으면 고종훈 선생님의 강의를 볼 수 있어요.

시기 ▶ 1900년대 초
활동 내역 ▶ 국채 보상 운동, 신민회 조직 등
가장 좋아하는 일 ▶ 나라의 자립을 위한 일
애국 계몽 운동 스타일 ▶ 1. 무력은 금지
　　　　　　　　　　　　 2. 해외도 가리지 않는다
연관 검색어 ▶ 금 모으기, 오산 학교, 실력 키우기
역사적 중요도 ▶ ★★★☆☆
시험 출제 빈도 ▶ 보통

애국 계몽 운동은 우리 민족의 실력을 기르기 위한 활동이에요.

애국 계몽 운동은 **학교 설립을 통해 교육을 하고, 기업 설립을 통해 산업을 진흥하여 실력을 기르자는 운동이에요.** 그리고 그 힘을 바탕으로 훗날 독립을 쟁취하는 것에 목표를 두었어요. 애국 계몽 운동은 을사늑약 때부터 한일 병합 시기까지 곳곳에서 일어났어요.

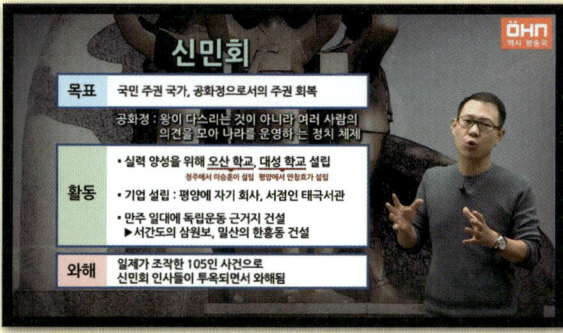

애국 계몽 운동을 가장 활발히 진행한 단체는 신민회였어요.

신민회는 안창호, 양기탁, 이승훈 등이 중심이 된 비밀 결사 조직이었어요. **신민회의 목표는 국권을 회복하여 자주독립국을 세우고 공화정의 새 국가를 만드는 것이었어요.** 이를 위해 학교와 기업을 설립하고 만주 일대에 독립운동 근거지를 세웠답니다.

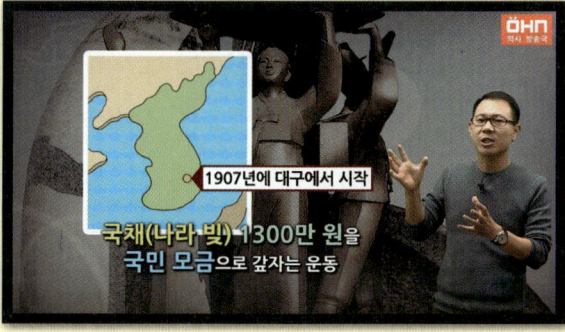

경제적 실력 양성 운동인 국채 보상 운동이 있었어요.

국채 보상 운동은 일본에게 진 나라 빚을 국민의 힘으로 갚아 경제적으로 자립하자는 운동이에요. 국민들은 금주, 금연, 패물 모으기 등을 통해 모금 운동을 벌였어요. 국채 보상 운동은 대구를 중심으로 시작되었다가 서울까지 확산되었어요.

사건 연표 근대

1866년

병인박해
천주교를 금지하라는 양반 유생들의 주장이 거세어지자 흥선 대원군은 프랑스 선교사와 수천 명의 신자를 처형하였어요.

제너럴 셔먼호 사건
미국 상선 제너럴 셔먼호가 대동강에 나타나 통상을 요구하며 조선 사람들을 죽이는 등 행패를 부렸어요. 이에 분노한 평양 관민과 주민들이 제너럴 셔먼호를 불태워 침몰시켰어요.

병인양요
병인박해를 구실로 프랑스가 조선을 침략하였어요. 그러나 한성근 부대, 양헌수 부대 등이 이를 막아 내었어요. 프랑스군은 퇴각하면서 외규장각 도서와 많은 보물을 약탈해 갔어요.

1871년

신미양요
미국은 제너럴 셔먼호 사건을 구실로 조선과 통상 조약을 체결하기 위해 강화도를 침략하였어요. 그러나 조선군은 미군을 물리쳤어요.

1884년

갑신정변
김옥균을 중심으로 한 급진 개화파가 우정총국 개국 축하연을 이용하여 정부의 중요 인물들을 처단하고 새로운 정부를 구성하였어요. 그러나 청의 개입으로 정변은 3일 만에 실패로 끝났어요.

1894년

동학 농민 운동
전라도 지방에서 전봉준을 비롯한 농민들이 폭정을 없애고 백성을 구하기 위해 봉기하였어요.

청일 전쟁(~1895)
동학 농민 운동을 진압하기 위해 들어온 청과 일본의 군대는 동학 농민군이 해산하였음에도 철수하지 않고 오히려 전쟁을 일으켰어요.

갑오개혁
김홍집 내각은 조선의 정치, 경제, 사회 등 각 부문에서 근대적 개혁을 추진하였어요.

1897년

독립 협회 설립
서재필은 정부의 지원으로 독립신문을 창간하고, 개화파 관료들과 함께 독립 협회를 설립하였어요. 독립 협회는 사람들에게 근대적인 사상을 전파하고, 만민 공동회를 열어 러시아의 내정 간섭과 열강의 이권 침탈을 비판하였어요.

대한 제국 수립
덕수궁으로 돌아온 고종은 나라의 위신을 높이기 위해 나라 이름을 '대한 제국'으로 바꾸고 환구단에서 황제 즉위식을 올렸어요.

광무개혁
대한 제국 정부는 대한국 국제를 반포하고, 광무개혁을 단행하여 군사력 강화, 상공업 진흥, 학교 설립 등에서 어느 정도 성과를 거두었어요.

신민회 설립
안창호, 양기탁 등은 비밀 단체인 신민회를 조직하여 학교 설립, 민족 기업 육성, 독립운동 기지 건설 등 다양한 활동을 전개하였어요.

헤이그 특사 파견
고종 황제는 을사늑약을 무효화하기 위해 헤이그에서 열린 만국 평화 회의에 특사를 파견하였어요.

고종 황제 퇴위, 군대 해산
일본은 헤이그 특사 파견을 구실로 고종 황제를 강제 퇴위시키고, 대한 제국의 군대를 해산시켰어요.

정미의병
고종 황제의 강제 퇴위와 군대 해산을 계기로 의병 운동은 전국으로 확대되었어요. 특히 해산 군인들이 의병에 가담하여 의병의 조직력과 전투력이 크게 향상되었어요.

1875년 운요호 사건
일본은 조선에 통상을 강요하기 위해 운요호를 보냈어요. 운요호는 강화도 앞바다에 침입하여 포격을 가하고 영종도에 상륙하여 사람들을 죽이고 약탈하였어요.

1876년 강화도 조약

일본은 운요호 사건을 빌미로 조선에 개항을 요구하며 강화도 조약을 체결하였어요. 이는 조선이 외국과 맺은 최초의 근대적 조약이자 불평등 조약이었어요.

1882년 임오군란
정부의 개화 정책에 반감을 가지고 있던 구식 군인들이 밀린 급료로 받은 쌀에 겨와 모래가 섞여 있자 폭동을 일으켰어요.

1895년 을미사변
조선이 러시아의 힘을 빌려 일본을 견제하려고 하자 일본은 이를 저지하기 위해 명성 황후를 시해하는 만행을 저질렀어요.

단발령(을미개혁)
을미사변 이후 다시 구성된 김홍집 내각은 단발령 실시, 태양력 사용 등을 추진하였어요.

을미의병

을미사변과 단발령에 반발한 양반 유생들이 농민들과 함께 의병을 일으켰어요.

1896년 아관 파천
을미사변 이후 신변에 위협을 느낀 고종은 러시아 공사관으로 처소를 옮겼어요.

1904년 러일 전쟁(~1905)
국내에서 러시아의 세력이 커지자 위기의식을 느낀 일본은 러시아를 기습 공격하여 러일 전쟁을 일으켰어요. 결국 전쟁에서 일본이 승리하여 한반도에 대한 우월적 지위를 승인받았어요.

1905년 을사늑약
러일 전쟁 이후 일본은 대한 제국의 외교권을 빼앗는 을사늑약을 강제로 체결하였어요.

을사의병
을사늑약에 저항하여 의병이 다시 일어났어요. 이때에는 신돌석과 같은 평민 의병장도 등장하여 일본군에 맞서 싸웠어요.

1907년 국채 보상 운동
국민의 힘으로 일본에 진 빚을 갚고 경제적으로 자립하기 위해 벌인 운동이었어요. 일제의 방해와 탄압으로 중단되었어요.

1909년 간도 협약
간도는 오랫동안 우리 민족의 활동 무대였으나, 일본은 남만주 철도 부설권과 탄광 개발권을 얻는 조건으로 간도를 청의 영토로 인정하였어요.

안중근 의거
안중근은 우리나라 침략에 앞장섰던 이토 히로부미를 사살하였어요.

1910년 한일 병합 조약
일본은 대한 제국의 사법권과 경찰권까지 빼앗고 결국 대한 제국을 강제로 병합하였어요.

찾아보기

ㄱ
간도 협약 189
갑신정변 80, 84, 113, 141
갑오개혁 107, 218
강화도 조약 43
경복궁 중건 27
고종 폐위 186
교육입국 조서 218
광무개혁 151
국채 보상 운동 214, 216
김기수 53
김옥균 57, 77, 80
김홍집 54, 108, 112, 129

ㄷ
단발령 123, 195
대한국 국제 149
대한매일신보 214, 219, 222
독립신문 141, 218
독립문 142
독립 협회 140, 144, 148, 217

ㄹ
러일 전쟁 166

ㅁ
만민 공동회 143, 144
민영환 173

ㅂ
박규수 20, 56, 112
박영효 57, 82, 110, 141

105인 사건 213
별기군 55, 68
병인박해 18
병인양요 19
베델 222

ㅅ
삼국 간섭 117, 118
서울 진공 작전 205
서유견문 88
서원 철폐 24
서재필 77, 80, 141
세도 정치 14, 70
신돌석 199
신미양요 22
시일야방성대곡 172
신민회 211
신채호 211, 219
수신사 53, 64

ㅇ
아관 파천 129
안중근 175, 180
애국 계몽 운동 210
영남 만인소 사건 62
영선사 56
이권 침탈 131, 143
이양선 16, 38, 46
이인영 205
이토 히로부미 55, 168, 174, 176, 180
인내천 93
임오군란 68
우금치 전투 100
우정총국 81, 152
운요호 사건 39
유길준 88, 108

유인석 195
을미개혁 122
을미사변 116, 128
을미의병 194
을사늑약 171, 172, 176, 178, 185
을사오적 170, 178
을사의병 198
위정척사 24, 60
의병 194, 198, 202, 206

ㅈ
장지연 172
전명운, 장인환 175
전봉준 95, 99
전주 화약 98
전차 154
정미의병 202
정한론 42
제너럴 셔먼호 사건 20
제물포 조약 74
직지심체요절 30
집강소 98
조사 시찰단 55
조선책략 61, 64
조청 상민 수륙 무역 장정 74

ㅊ
척화비 24
천도교 103
천주교 17
청·일 전쟁 107
최익현 37, 60, 199

ㅌ
톈진 조약 87

ㅍ
폐정 개혁안 97, 109
포츠머스 조약 167

ㅎ
한규설 169
한성순보 218
한·일 신협약(정미 7조약) 202
헤이그 특사 184
호포제 26
환곡 15
황성신문 172, 218
후천 개벽 94

한국사. 더 쉽고. 재밌고. 생생하게!

생방송 한국사 시리즈

총 10권

〈생방송 한국사〉에서 생생한 뉴스로 전해드립니다.

시대별 8권
선사 시대·고조선 | 삼국·가야 | 남북국 시대 | 고려
조선 전기 | 조선 후기 | 근대 | 근대·현대

종합편 2권
용어 편 (600개 어휘 정리)
문제 편 (한국사능력검정시험대비 문제 수록)

한국사 대표 강사 고종훈!!

수능 한국사 강의 1인자 고종훈 선생님과 함께!
〈생방송 한국사〉로 한국사 완전 정복!!

- 수능 한국사 강의 독보적 1인자!
- 메가스터디 13년, 누적 유료 수강생 70만 명 돌파!
- 9년 연속 유료 수강생 1위!
- 한국사능력검정시험 고급 합격자 최다 배출!
- 〈생방송 한국사〉 시리즈 감수 및 동영상 강의

1. 역사 인물의 이야기를 통해 역사를 쉽고 재미있게 이해해요.
2. 다양한 방송 프로그램 형식으로 시대와 사건의 배경을 알아봐요.
3. 고종훈 선생님의 동영상 강의로 다시 한번 개념을 정리해요.
4. 용어 편, 문제 편으로 한국사능력검정시험까지 완벽하게 준비해요.

한국사 완전 정복

아울북

생방송 한국사 시리즈는
이런 내용으로 구성되어 있어요.

01 선사 시대, 고조선

우리 역사의 시작! 한반도에는 사람들이 언제부터 살기 시작 했을까?

02 삼국 시대, 가야

고구려, 백제, 신라의 물러날 수 없는 대결! 그리고 홀로 고고히 풍요를 누리던 가야의 이야기

03 남북국 시대

천년 왕국 신라의 시작과 끝! 신라의 저력과, 광활한 영토를 차지했던 발해의 모습

04 고려

드높은 고려의 자긍심! 수많은 외적의 침략을 물리치고 나라를 지켜낸 고려의 이야기

05 조선 전기

유교의 나라, 백성의 나라 드디어 조선이 시작됐다!

06 조선 후기

조선의 위기! 임진왜란 이후 조선의 운명이 달라지기 시작했다.

07 근대

일본과 서양 열강이 조선을 노린다! 어떻게든 조선을 지키고자 했던 우리의 슬픈 역사

08 근대, 현대

지금의 대한민국이 있기까지! 우리의 민주주의의 모습

09 용어 편
역사적 흐름 속에서 이해할 수 있도록 구성된 600개의 용어 정리

10 문제 편
개념 정리부터 한국사능력검정시험 문제까지 총정리